【中国人格读库】

国家新闻出版广电总局

培育和践行社会主义核心价值观主题出版重点出版物

魏源传

高占祥 主编

张萌萌 著

北京时代华文书局

图书在版编目（CIP）数据

魏源传 / 张萌萌著 . -- 北京：北京时代华文书局，2015.8（2022.3 重印）
（中国人格读库 / 高占祥主编）
ISBN 978-7-5699-0490-1

Ⅰ . ①魏… Ⅱ . ①张… Ⅲ . ①魏源（1794～1857）－传记 Ⅳ . ① B252

中国版本图书馆 CIP 数据核字（2015）第 203150 号

魏源传

WEI YUAN ZHUAN

主　　编 | 高占祥
著　　者 | 张萌萌

出 版 人 | 陈　涛
责任编辑 | 邢　楠
装帧设计 | 程　慧　赵芝英
责任印制 | 訾　敬

出版发行 | 北京时代华文书局 http://www.bjsdsj.com.cn
　　　　　北京市东城区安定门外大街 138 号皇城国际大厦 A 座 8 楼
　　　　　邮编：100011　电话：010 - 64267955　64267677

印　　刷 | 三河市嵩川印刷有限公司　0316 - 3650395
　　　　　（如发现印装质量问题，请与印刷厂联系调换）

开　　本 | 787mm×1092mm　1/16　印　张 | 11　字　　数 | 105 千字
版　　次 | 2016 年 1 月第 1 版　印　　次 | 2022 年 3 月第 3 次印刷
书　　号 | ISBN 978-7-5699-0490-1
定　　价 | 39.80 元

《中国人格读库》编委会

社会主义核心价值观与中国人格

周殿富

　　社会主义制度在中国已经建立了六十余年，而我们党则在本世纪初叶提出了培育弘扬社会主义核心价值观的重大课题，显然是其来有自。

　　社会主义的道德风尚在新中国蔚然兴起，曾经那样地风靡于二十世纪中叶。邓小平同志曾经在改革开放中讲过，当年"这种风气不仅是中国历史上从来没有过的，而且受到了世界人民的赞誉"。然而可惜的是，这个在社会主义制度建立与实践中，同步兴起的社会主义道德风尚的成长道路，却是一波四折。半个多世纪以来，它先是与共和国一道遭受了十年"文革"的浩劫；接着便是全党工作重心转移到改革开放进程中，欧风美雨"里出外进"的浸洗濡染；再接着是西方"和平演变"在东欧得手的强烈震荡与冲击；最后又是市场经济中那两只"看不见的手"在搅动着、嬗变着人们的价值取向。至少在国民中出现了价值观上的多层次化，传统美德的弱化，社会道德文明水准的退化，光荣革命传统的淡化，这也许正是中央在本世纪初提出社会主义核心价值观的原因吧。

不管怎么"变"，怎么"化"，当我们回首来时路，却不能不说，中华民族真的很强大，很值得骄傲。人类经历了几千年的文明进程，堪称世界文化之源的"五大文明古国"，其他四大古国文明都已被历史淘汰灭亡，只有中国成了唯一的延续存在。近现代即使那般的积贫积弱，被西方列强豆剖瓜分、弱肉强食，想亡我中华都不可能，就连最强大的美帝国主义，最凶残的日本军国主义都成为我们的手下败将，而且打出了一个新中国，且跨过整整一个历史阶段，直接进入了社会主义。西方敌对势力几十年不遗余力地对新中国百般围剿，"冷战""热战""和平演变"手段用尽，连如此强大的前苏联乃至整个苏东阵营都被瓦解了，而社会主义的旗帜仍旧在960万平方公里的土地上高高飘扬，而且昂首挺胸地屹立在世界的东方，中国真的是太强大了。几十年来的瞩目成就，竟然令西方发出了"中国威胁论"。你管他别有用心也好，言过其实也好，总比让别人说我们是"瓷器"，是"东亚病夫"好吧？1840~1949年的一百零九年间，中国尽受别人的欺负、"威胁"了，我们也能让那些昔日列强有点"威胁感"，又有什么不好？更何况这是他们自己说的啊！我们并没吹嘘，也没有去做。几千年来我们侵略过谁呢？"反战""非攻""兼相爱，交相利"，中国古有墨子，近有周恩来、邓小平同志。这也是中华民族固有传统美德的延续吧！

生于忧患，死于安乐，这也当是中华民族的一个传统美德吧？几十年来尽管中国如此繁荣兴旺，但从邓小平生前一直到党的"十八大"以来，无论哪一届中央领导集体，从来都没有忘记过国之忧患。忧在何处，患在何处呢？

二十世纪八十年代末，邓小平同志曾经在半年的时间内四次提到：中国改革开放十年最大的失误在教育，在"对青年的政治思想教育抓得不够""对人民的教育不够"，足见他的痛心疾首。他晚年时又提到了"国格"与"人格"的问题，讲道："谈到人格，但不要忘记还有一个国格。特别是像我们这样第三世界的发展中国家，没有民族自尊心，不珍惜自己民族的独立，国家是立不起来的。"

（精装版《邓小平文选》第3卷331页。）

人们很少注意到邓小平的这一段话，但邓小平恰恰是在这里把"国格""人格"提升到了事关"立国"的高度。

那么，什么是我们社会主义的"国格"呢？邓小平讲得很明白："民族自尊心""民族的独立"。

新中国一路走来，我们最大的尊严便是完全靠"自力"，靠"艰苦奋斗"，而达"更生"之境。对西方敌对势力的"冷战""热战""和平演变"，我们何曾有过屈服？也正是在这一前提下，我们才有真正的"民族独立"。这就是我们的国格。那么什么是我们中国人的人格呢？邓小平同志在这里没有讲，但他在1978年4月22日召开的全国教育工作会议上的讲话中，在讲到我们的教育培养目标时，至少提到与社会主义人格相关的各个方面：革命的理想，共产主义的品德，勤奋学习，严守纪律，艰苦奋斗，努力上进，爱祖国，爱人民，爱劳动，爱科学，爱护公共财产，助人为乐，英勇对敌，集体主义精神，专心致志地为人民工作，等等。这里的哪一条不属于社会主义人格的范畴呢？

2006年党的十六届三中全会，第一次提出了"建设社会主义核心价值体系"的历史性命题和战略任务。2007

年，胡锦涛同志在"6·25"讲话中又具体提出这个"体系"包括四个方面的内容：①马克思主义的指导思想；②中国特色社会主义共同理想；③以爱国主义为核心的民族精神和以改革创新为核心的时代精神；④社会主义荣辱观。这四个方面，一是信仰，二是理想，三是精神，四是道德文明，哪一个不在社会主义人格的范畴之内呢？党的十七届六中全会又提到了社会主义核心价值体系是"兴国之魂"。

2012年11月，在党的"十八大"上又用"三个倡导"把社会主义核心价值观概括为十二项：①倡导富强、民主、文明、和谐；②倡导自由、平等、公正、法制；③倡导爱国、敬业、诚信、友善。而且中办文件又把这"三个倡导"分为三个层面：第一个"倡导"的四项，是国家层面的价值目标；第二个"倡导"的四项，是社会层面的价值取向；第三个"倡导"的四项，是公民个人层面的价值准则。实际上前两个"倡导"的八项都是属于"国格"范畴，而第三个"倡导"是属于"人格"范畴。

那么，我们怎样才能在前面讲到的那些历史嬗变中培育建构起这个"核心价值观"呢？中共中央政治局的第十三次集体学习，似乎很明确地回答了这个问题。

新华社北京2014年2月25日电讯称：中央政治局在2月24日，以弘扬社会主义核心价值观，弘扬中华传统美德为内容，进行了集体学习，习近平总书记在主持学习时强调：

培育和弘扬社会主义核心价值观必须立足中华优秀传统文化。牢固的核心价值观，都有其固有的根本。抛弃传统、丢掉根本，就等于割断了自己的精神命脉。博大精深的中国优秀传统文化是我们在世界文化激荡中落稳脚跟的根基。中华文化源远流长，积淀着中华民族最深层的精神追求，代表着中华民族独特的精神标识，为中华民族生生不息、发展壮大提供了丰厚滋养。中华传统美德是中华文化精髓，蕴含着丰富的思想道德资源。不忘本来才能开辟未来，善于继承才能更好创新。对历史文化特别是先人传承下来的价值理念和道德规范，要坚持古为今用、推陈出新，有鉴别地加以对待，有扬弃地予以继承，努力用中华民族创造的一切精神财富来以文化人，以文育人。

习近平总书记的这段论述相当精辟，对于如何培育建构社会主义核心价值观问题从四个方面剀切明白。

第一，他明确指出要在中华优秀传统文化的基础上，来构造我们的社会主义核心价值观，而不能割断历史。这一条十分重要，否则我们便会失去我们的本来面目，便会成为无源之水，也就无法走向未来。

第二，指出了中华传统美德是中华文化精髓，蕴含着丰富的思想道德资源。这就为我们揭示了社会主义核心价值观，要以弘扬优秀的中华传统美德为基础。

第三，他指出，对传统文化在扬弃中继承，在继承中创新。这就是说，社会主义核心价值观的内涵，既要有优良传统的文化精神，也要有时代精神，是二者的有机结合。

第四，他指出要用中华民族创造的一切精神财富，来化人育人。这就是说，弘扬中华民族文化，并不只是传承儒学那些道统，而是要弘扬全民族共创的优秀传统文化。同时也就是说，培育、弘扬社会主义核心价值观的根本目的是化民、育人。

尤其值得瞩目的是，习近平总书记在这次讲话中提到了一个"中华民族独特的精神标识"问题，而在同年的全国组织部长会议上又提出我们再也不能以GDP论英雄的思想。让人欣慰的是，思想道德文化建设终于被提升到一个民族的标识地位，这至少表明中国人的思想观念，并不落伍于世界潮流。

并不受人欢迎的亨廷顿生前给他的祖国提出的警示忠告，竟是如何弘扬他们没有多少历史和文化的"传统文化"："盎格鲁新教精神——美国梦"，以此为国家的"文化核心"问题。他讲道："在一个世界各国人民都以文化来界定自己的时代，一个没有文化核心而仅仅以政治信条来界定自己的社会，哪有立足之地？"所以，他提醒他无限忠于的祖国，一定要巩固发扬他们自入居北美以来，在新教精神基础上形成的"美国梦"理念的"文化核心"地位，这样才能消解这个国家的民族与文化双重多元化的危机。为此，他甚至预言美国弄不好会在本世纪中叶发生分裂。而且他公开预言不列颠大英帝国也会因民族与文化多元化的问题，导致在本世纪上半期发生分裂。

西方的一些专家学者们也十分强调国家民族文化的地位问题，柏克说："全世界的人根据文化上的界限来区分自己。"丹尼尔同样说："保守地说，真理的中心在于，对一个社会的成功起决定作用的是文化，而不是政治。开明地说，真理的中心在于，政治可以改变文化，使文化免于沉沦。"这些语言也可能有它们的局限性与某种非唯物性，但至少可以让我们看到那些发达的资本主义国家在想什么，至少与马克思主义经典作家们，关于意识形态并不总是消极被动地接受它的经济基础的论断并不相悖。

中国显然具有世界上最悠久的民族文化，同时显然也拥有世界上最强大的政治优势。新中国包括它直接进入社会主义的经济形态，以及其后的一次次经济变革，哪一次不是靠政治力量在强力推动呢？它当然同样拥有让我们几千年的民族文化"免于沉沦"的能力。有学人认为我们的民族文化早就被以往一次次的历史性灾难割裂了，这个看法显然都是毫无道理的。但我们当下却确实面临着"两个传统"失传失统的危险。中国的传统文化与优秀的民族美德，在当代国民中还有多少传承？老一代中国共产党人用生命与鲜血铸就的光荣革命传统，在党内还有多少"光大"？我们现在全民族的"核心文化"到底在何处？"社会主义核心价值观"的提出不仅符合世界潮流，也是使我们优秀的民族文化得以传承而不发生历史断裂的根本保证。富和强永远都不是一个民族的标志，哪个国家不可以富，不可以强？但能代表中国"这一个"本来面目，具有自己民族特色的，唯有中华民族的文化，能代表中国人形象的只有中国独具的道德人格。什么是人格？人格就是原始戏剧中不同角色的本来面目。

综上所述，我们是不是可以这样认为，社会主义核心价值观应内含如下的成分：中华民族传统文化中的优秀传统美德；中国人民近现代反帝反侵略反封建的爱国主义、斗争精神与中国共产党领导下形成的几十年光荣革命传统；中国化了的马克思主义有中国特色社会主义的共同理想；与"中国梦"远大目标相适应的时代精神。由这些内涵构成的社会主义核心价值观，用它来干什么呢？用习近平总书记的话来说就是"化人""育人"，把它再具体化一下，无非是打造能体现中华民族特色，代表中国形象的国格、人格。在思想道德层面上，一个国家的民族精神也只有在人的身上才能体现，所以我们依据社会主义核心价值观的基本要求，针对当代青少年的实际情况，策划了《中国人格读库》这样一套大型系列选题。

本套书承蒙全国少工委、中华文化促进会、团中央中国青年网三家共同主办推广，并积极提供书稿。难得高占祥老前辈热情出任该套书的编委主任，且高占祥同志不辞屈就加盟主创作者队伍。一些大学、中学教师与青年作者也积极加盟此套书的编写。该选题被国家新闻广电出版总局列为2014年全国社会主义核心价值观重点选题，在此一并鸣谢。

希望本套书的出版能为社会主义核心价值观的培育与弘扬，为促进青少年的道德人格养成起到积极的作用。欢迎广大读者与作家对不足之处批评教正，多提宝贵建议与指导意见。

谨以此代出版前言并序。

二〇一四年十月

于北京时代华文书局

引言

从此芒鞋踏九州，到处山水呈真面。

——魏源

"惟楚有材，于斯为盛"，这是岳麓书院门首的一副对联，亦是近代湖南的真实写照。翻开中国近代史你就会有所感受，从曾国藩为首的湘军将领，到谭嗣同为首的戊戌维新志士、黄兴为首的革命先驱，再到毛泽东为首的无产阶级革命家，湖南这片神奇的土地，英才济济。而若再往前追溯，湖南籍的周敦颐、李东阳、王夫之等大师巨匠不胜屈指。近代思想家魏源，亦是其中的杰出人物。

魏源并非晚清重臣，虽曾亲赴战场，却未留下英勇抗敌的著名事迹，甚至连他的老乡们津津乐道的往往也是同时代的曾国藩、左宗棠、郭嵩焘，他往往处在尴尬的位置，鲜少有人提及。

魏源画像

是因为他真的无足轻重吗？显然不。

他是中国历史大转折时期的英才翘楚，是在近代中国一片混沌中率先"开眼看世界"的先行者之一；他认为论学应以"经世致用"为宗旨，提出"变古愈尽，便民愈甚"的变法主张，倡导学习西方先进科学技术；他所提出"师夷长技以制夷"代表了一代知识分子对家国出路的深切思索，开启了近代中国文化转型的端绪，振聋发聩，声彻寰宇；他对近代中国发展道路的天才式思考令人惊奇，开放的心态，学以致用的精神，时至今日，仍不过时。

人们常说，"时势造英雄"，我们也习惯于看一个历史人物先看当时的时代背景，似乎无论怎样的天纵英才，也只能产生在特定的历史条件下，也只能做时代允许并且要求他做的事情。这虽然不错，却未免带了点宿命的色彩。或许我们还需要换个角度想，为何活在同一片天空下，有的人终成大业，有的人却终身碌碌，有的人能顺时而动，有的人却要逆势而为？古人治史，从来强调"知人论世"，"知人"才能"论世"。只有当我们穿过历史的云烟，循着先贤的人生足迹，一同经历他的经历，才能谈得上对其有了大概的全面了解，才可多少获取对于个人生命、社会历史的有益启示。

目录

第一章　忆昔懵懂方少时

山川俊秀邵邑醇良

魏源，生于清乾隆五十九年（1794年）三月廿四日。原名远达，字良图，号默深。此时崛起于白山黑水之间的清王朝对这片土地的统治已延绵一又二分之一个世纪。那是清朝从盛世转入衰败的时代，社会经济发生巨大变化的时代。帝国的弊病正在逐步暴露，外来侵略更加深了这种危机。所谓万国来朝康乾盛世，所谓富庶华美烟火人间，已慢慢成为半梦半醒之际日益消逝的歌吹之声，越来越远，再无踪迹。

虽是时事动荡，但在魏源的家乡，最常见的图景仍是男耕女织，一派田园风光。今日若我们从长沙驱车向西南，须得五小时车程才能去到魏源的故乡、雪峰山主峰白马山麓的腹地——邵阳县（今属隆回）金潭乡魏家塅。科技发达的今天仍是车程辗转，想来在魏源的时代，纵使朝堂风云变幻，那里仍旧青山秀水、安谧静美，是恍若世外桃源般的存在。

金潭古称金滩，是一个盘形盆地，南北长约十里，东西最宽处不过四里，当中地势平坦，屋宇栉比，阡陌纵横，树木葱茏，鸡犬相闻。魏源在这样的环境中自在生长，自幼就养成了豁达开朗、沉静深邃的性格，更是一生对乡土充满了浓浓的依恋。他成年后曾在《题加玉公祠》中饱含深情地将这片生养他的土地称为美丽的"古桃源"。

但实际上，魏源的故乡绝不是《桃花源记》中所描写的与世隔绝的天地，商品交换早已借助崎岖的山路和绵延的资江，将触角伸到这里，浸润了魏氏家族。

魏源的祖先原是江西省太和县人。魏万一和弟万二为躲避元朝末年的兵乱，迁居到湖南省善化县，明朝永乐年间（1403—1424）又迁居到邵阳县金潭级，从此便定居下来。

如果以魏万一为第一世，那么到了魏源曾祖父魏大公就是第十二世了。魏大公，字席儒，家中富有。根据《邵阳金滩魏氏族谱》记载，魏源的曾祖魏大公"除收租外，并服贾经商，财源称意"，并同时以孝顺母亲和好周济贫困著称。他习惯在大雪天里穿好几层裤子外出，遇到衣不蔽体的人，随即便脱下自己的裤子帮别人保暖，如此这般，回到家竟然常常只剩一件空荡荡的外袍。康熙三十九年（1700年），邵阳大旱，粮食歉收，官吏却照旧向农民征收钱粮，催之甚急，引得全县骚动，人心惶惶。魏大公看到这种情况，慷慨解囊，为本乡所有农民交纳了全部钱粮。县令深为这一义举感动，赠给他"邵邑醇良"匾额，用来赞扬他的德行。

魏源的祖父孝立公"承其家业"，农商互补，"家颇饶裕"，能修万石谷仓，仍然好周济贫穷，但凡乡里有类似修桥铺路的善举，他都要捐款资助。

在中国封建社会中，历来有所谓"士、农、工、商""四民"的说法。士是知识分子，他们通过读书、考试，取得"功名"，然后，一部分人步入仕途，成为官员；另一部分人或者从事教育事业，或者充任幕僚。古人认为"万般皆下品，唯有读书高"，他们是中国文化的主要传播者，因而受人尊敬。其次是农民，他们住在农村，从事农业劳动，生活相对困苦，当然其中不乏发家致富者，成为地主或知识分子。工人，指的是手工业工作者，他们凭手艺吃饭，其中少数人成为作坊主或工场主。商人是贩运和销售商品的经营者，赚取"买贱卖贵"的差额利润。"四民"之中，士的社会地位最高，受到人们的尊敬。因为统治者实行"重农抑商"或"崇本抑末"的政策，导致商人的地位最低。

正是基于这样的社会现实，金潭魏氏家族像那个时代无数的农耕之家一样，秉持着"学而优则仕"的理念，在家族具有了一定经济实力后，并不想世代为农、为商，而是追求读书进仕，由农耕世家向半耕半读、农商并举的方向发展，力图能有子孙走出金潭，步入上层社会。

魏源的父亲魏邦鲁终于为这个家族迈出了实质性的一步。他是国子监生，"好读书，喜游览，所至交其豪杰"。但因连年战乱、家中人口众多，魏家家道日渐中落，等到他与兄弟十人分家时，家中有瘫痪在床的老母、四个稚童待他抚养。于是在魏源六岁那年，魏邦鲁通过捐纳谋得巡检一职，从此一直在江苏地区担任小官吏，直至后来死于宝山主簿任上。

魏邦鲁辗转多地为官，却始终清正廉明，所到之处必定拜访当地的豪杰贤士，调解民间诉讼，督促生童学习，政绩斐然。因为他的清廉名声远播，所以上级特别指派他管理苏州钱局。即便在这个公认的"肥缺"上，魏邦鲁也贯彻了他一向的准则，毫无所染。在年终申状中，他的上级、知府额腾伊曾这样评价他："本员管局一载，实能弊绝风清，且破除积习，不受陋规，洵佐杂中难得之员。"

除了为人正直，为官两袖清风，魏邦鲁涉猎也十分广泛，颇懂医术，在工作之余常常免费为乡亲看病，为人乐善好施。也正因如此，虽然他一直都担任小官，却深得巡抚陶澍和布政使林则徐、贺长龄的尊敬，并在潜移默化中给了魏源深刻的影响。

魏源的母亲陈氏同样深深影响了魏源的性格。毕竟，魏父因为公务繁忙，任职之地距离家乡太过遥远，且俸禄微薄，不能经常回家，家庭便更多依靠魏源的母亲支撑，家务也全靠她来操持。陈氏是一位贤淑的妇女，她每日既要纺纱织布维持生计，又要服侍年老体弱、瘫痪在床的婆婆，却数年如一日，毫无怨言。她同时又是一位极具远见的母亲，努力为孩子创造更好的生活环境，并重视对孩子的教育，每到夜幕降临，她总是点燃油灯，借着昏黄的灯光，一边织布一边陪着孩子读书。这时家中总是洋溢着恬静和暖的气氛，让人欣欣然忘却眼前的清苦。

魏源就是在这样清贫却温馨的家庭环境中成长起来的，父辈的清廉正直、乐善好施让他学到了为人的操守，清贫的家境让他养成了刻苦勤勉、自强不息的精神，这些都成为他今后人生中极为宝贵的财富。

少年苦读名师高徒

相传在魏源出生的夜晚，他的母亲陈氏做了极为奇怪的梦。迷离恍惚间一位身着古衣冠的清俊仙人"持巨笔及金色花授之"，梦醒之后的清晨陈氏便生下魏源。

在古代中国，如椽巨笔多用于撰写宏文巨著，也代称大手笔、大作家。这由来于晋朝武帝时期，当时有个文人名叫王珣，他曾在梦中遇到一位神人赐他巨笔，那笔杆有屋椽那么粗。醒后，他既吃惊又开心，对身边人说："从这件事看来，我一定要成为大作家。"果然，不久之后，武帝逝世，哀册之类的文件全部由他负责起草，文采惊人，赢得大家一致称赞。

而魏源以后的成长仿佛也印证了那个神奇的梦境。他自幼好静，在本该与同伴追逐嬉闹的年纪，他却喜欢一人静坐沉思。祖父孝立公见此不禁惊叹于魏源的沉稳与聪慧，他常常摸着小魏源光溜溜的脑袋对同族人说："看这个孩子的心性可不是一般人，我们也不能把他当作寻常的小孩子来对待啊。"

小魏源自七岁入家塾读书，他的勤奋好学远远胜过了一起念书的其他孩子。据说因为他沉醉于书海之中，很少跟同龄人一样外出游戏，以至于自家的狗都不认识他，每次小魏源一出家门总会引起家狗此起彼伏的吠叫，甚是热闹。他不仅白天用功，晚上还要抄书诵读，"夜手一编，咿唔达旦"，实在是刻苦至极。可是这么小的孩子如何经得起这般拼命？小魏源的母亲每每见此总是极为心疼，生怕他熬坏了自己的身体。于是每到深夜，昏黄烛光下总会有慈母殷切的关怀和催促孩子快快熄灯睡觉的身影。孝顺的小魏源总会乖乖听话，立马熄灯。可他待母亲熟睡后，竟又蒙上被子，偷偷把灯笼藏在被窝里看书。时间一长，小魏源的"诡计"终于还是被母亲发现了，母亲不由苦苦劝他说："小孩子长夜攻读，会伤身体。"说着说着，母亲几乎泣不成声。从此之后，他那种嗜书如命的夜读习惯总算稍稍有了改变。

在魏源老年所作的一首诗中，有如下的诗句：

少闻鸡声眠，老听鸡声起。

位于湖南邵阳的魏源故居

千古万代人，消磨数声里。

　　虽然这首五言绝句只有20个字，却寄托着他的无限感慨。在青少年时代，时常因读得入神，一直听到鸡鸣，才蒙眬入睡；到了老年，由于身体状况不同，晚上需要早睡，但次日清晨却要早起。早年的闻鸡声而眠，是为了刻苦学习，老年的闻鸡声而起，想来也是为了勤于写作。随着鸡声催人，自己不知不觉已经度过了几十个春秋，却仍旧勤勉如一，怎能不令人感慨？

家人因着小魏源的好学深思以及他所表现出的远超同龄人的聪颖、自律而对他格外喜爱。而在家乡人看来，魏源甚至可以称得上是文曲星下凡了。

在学堂念书时，大部分的小朋友只是跟着夫子摇头晃脑地机械背诵，小魏源却常常能在听讲之后了解其涵义，并有自己的体会。关于他的聪慧，还有一则轶事流传甚广。说是在他到县城应童子试时，县令随手指着茶碗上的太极图考他："杯中含太极。"年仅九岁的小魏源当时怀中揣着两个麦饼做干粮，于是他灵机一动道："腹内孕乾坤。"这下联对仗之工整，意境之高华，令县令大为惊异，不由得对这小小稚童刮目相看。他连忙追问："何谓乾坤？"魏源说："天地叫乾坤，我吃了这麦饼，就是考虑天下大事。"县令听后连声称赞魏源"幼有大志"。

任何人的成长都离不开周围人的支持与帮扶，即便勤勉聪慧如魏源，也是因为长辈的悉心教导而得以不断丰富自身。金潭魏氏一直重视教育，很早便已兴办族学，不惜重金延聘名师硕儒。

等到魏源读书时，这个家塾恰好由其二伯父魏辅邦管理。魏辅邦为人宽厚，自幼勤奋好学，致力于韩、柳、欧、苏古文，以至于废寝忘食。他曾在长沙岳麓书院读书，甚得院长罗典的器重，并结为忘年交。魏辅邦从岳麓书院毕业后回到邵阳，并没有醉心于自己的功名，而是把希望全放在后辈身上，全力管理家塾。他聘请了当地有名的教师为子侄授课，自己对子侄的要求也很严格，除了每日除塾师功课外，他还常常口讲指画，彻夜不休。塾中收藏许多古籍供学生阅读。魏辅邦为本家培养了不少优秀子弟，魏源就是其中之一。魏源对这位二伯父的人品和学问都很佩服，对伯父的教诲更是没齿不忘，终身感铭。

家塾里另外两位老师对魏源的学业也有很大影响。一位是本地人欧阳炯明，字步青，号畏庵，廪膳生。他博闻强记，善写诗作文。另一位是金潭人刘之纲，此人一生以教书为业，直到六十岁才考中秀才。魏源跟这两位老师不仅熟读了《三字经》《百家姓》等蒙学之书，还开始读四书五经等儒家经典。魏源始终对老师非常敬重，每次外出归家必登门拜谒，并题联酬谢。在《赠欧阳炯明师》中写道："桃李春风思绛帐，藻芹化雨感熏陶。"而在另一联《赠刘之纲师》中他题："艺苑春风，桃李荷公德泽厚；芸窗化雨，文章删笔教恩深。"孺慕之情，溢于言表。

魏源在两位启蒙老师和二伯父的教导下，读书极为勤奋，学识也大为长进。但在嘉庆九年（1804年），刚刚十一岁的魏源却不得不面对一向疼爱自己的祖父离世的打击，再加上前一年夏秋之际的旱灾导致邵阳全县饥荒，这对于魏源原本清贫的家境无异于雪上加霜。小小少年更坚定了依靠读书改变自己命运的想法。

魏源读书愈发刻苦，他的阅读范围也日益广泛。十二岁时他喜欢上记叙"身不屈于王公，名不耗于终始"的"非主流"名士的《高士传》，每每翻书，总是忍俊不禁。十四岁那年他随父亲到江苏任所，像个吸不饱水的海绵般热切吸收各类知识，东南形势、海防、夷情、盐课、军饷、兵制等，无不冲击着少年的心灵，为他开启全新的斑斓世界。

嘉庆十二年（1807年），魏源还乡后前往邵阳县爱莲书院读书，准备参加科举仕进的预备性考试——"童试"。许多人都认为"童试"就是给小孩子的考试，但实际上，童试指的是明清两代取得生员的入学考试，是读书士子的进身之始，无论是总角小儿还是耄耋老人，所有应试者都被统称为"儒童"或者"童生"。清代童试的考试内容，除去四书外，还包含《性理》《太极图说》《通书》《西铭》《正蒙》《小论》等儒家经典和理学著作，甚至包括清廷颁布的《圣谕广训》《训饬士子文》等内容。所以别瞧这童试仅仅是漫长科举征程的第一步，想要迈出这一步也是万分艰难呢。

经过一年的深入钻研，在嘉庆十三年（1808年）旧历二月，十五岁的魏源参加并通过了每年定期举行的县考"童试"，四月进入童试的第二关——府试。魏源与邵阳同乡石昌化、何上咸以及新化邹汉勋等人分列前五，其中最受此次主考官赞赏的，就是魏源和年纪稍长的邹汉勋。同考的学子对二人也是敬佩有加，因为两人学问好，同辈中还流传着"记不清，问汉勋；记不全，问魏源"的戏语。

童试有三关，院试是最后一道坎，它由掌管一省教育的学政主持，只有院试合格的"秀才"才有机会进入地方州县学为生员，才有资格继续漫漫科举路。涉猎广泛又基础扎实的魏源毫无悬念地连过三关，并因为成绩优异，在县学学习时还享受了奖学金待遇。

县学于魏源而言是更大的平台，在这里，他除了学习八股制义，更是不知疲惫地吸收理学以及历史知识。因为家境贫困，买书对魏源而言成了奢侈的事情，他便想办法从族塾中借阅。但当时管理族塾的二伯父魏辅邦一直坚持认为年轻人只能读"正统"书，觉得魏源看的很多书实际毫无用处。于是魏源只好趁着伯父不在的时候做贼似的偷偷溜进书房，一面抓紧阅读和抄写自己感兴趣的书，一面竖着耳朵留心外面的动静。

也就是在这样的情况下，魏源逐渐对理学产生了浓厚的兴趣。

博闻广识理学初探

理学，也称道学，是宋明儒学的哲学思想。不同于汉儒治经侧重名物训诂，宋儒多以阐释义理见长，所以人们称其为"理学"。

宋朝的程朱理学，由周敦颐、程颐、程颢等人开创，朱熹为集大成者。他们认为，"理"在"气"先，"理"是离开事物而独立存在的客观实体。他们将仁、义、礼、智、信等封建伦理提升到了至高无上的地位，又主张用穷究事物的原理去获取知识，用反问自省的办法去达到实践的目的，建立了一个比较完整的客观唯心主义体系。

而就在同时，有以陆九渊为代表的主观唯心主义与程朱派对立，并在明代，由王守仁进一步发展。他们认为，"心"是宇宙万物的根源，王守仁主张"心外无理"，认为人的内心先天地具有一切道德原则，圆满自足，求学应当以"致良知""明本心"为宗旨，主张通过"存天理，去人欲"，达到"万物一体"的境界。

尽管两者有所区别，甚至在有些观点上出现了对立，但它们都围绕着人性这一核心进行讨论。或许我们可以说，理学的出现，承担了重建儒学价值体系的职能，通过对理论挑战和现实问题的创造性回应，古典儒学借由理学得以复兴。

程朱理学自元、明代以来就极为统治者所重视，在清朝，统治者更是以此方式实现思想统治。比如，康熙帝就积极提倡朱熹之学，让朱熹配享孔庙，他还亲自研究理学，让大臣编撰《朱子全书》，世人研究理学蔚然成风。

等到魏源的时代，虽然程朱理学早已成为思想正统、各种研究层出不穷，但理学本身却无甚发展，甚至逐步沦为了士人科考的材料、朝廷巩固统治的工具，以及现成的理论工具。年少魏源就是在这种环境中，为步入仕途而苦苦研读八股制义。

就在一片枯燥沉闷之中他却意外地接触到了阳明心学，"我心即理""心外无理"等观念给他带来了一种莫名的震动。心学所认为的人内心先天有良知、有一切道德原则，无须泯灭各种现世欲望，只需要在"致良知"的伦常行为中来证实自己、丰盛完满自己等，似乎与自小习惯沉静深思的魏源更为契合。这样的观点好像刺破厚重云隙的光芒，让他豁然开朗，更比虚幻地以"存天理，灭人欲"来实现"天人合一""万物同体"的理论让他信服。

这样的阅读在当时看来似乎是颇为不合时宜的。但也正是这样丰富的阅读、广博的见闻才让魏源得以拥有一双慧眼，得以在层层迷雾与硝烟中准确捕捉光明的所在。

按照清朝初年的制度，每十二年设有一次拔贡，每个府学选出两名，州、县学各选出一名生员，作为拔贡生保送入京。若拔贡生考试合格，便可充任京官、知县，或者担任教职。为了做好嘉庆十八年（1813年）的拔贡准备，意气风发的十九岁青年魏源于嘉庆十七年初夏前往省府长沙的岳麓书院读书。

大名鼎鼎的岳麓书院创建于北宋初年，在湘江岳麓山下，那里林木茂盛，奇珍优美，是中国有名的四大书院之一（其他三个分别为江西庐山白鹿洞、河南商丘睢阳应天书院和河南嵩山嵩阳书院，一说为湖南衡山石鼓书院）。

岳麓书院正门

魏源岳麓书院读书时，山长是被誉为"楚南人物"的袁名曜。他曾担任翰林院编修、侍讲和侍读，因为母亲去世回乡，主讲书院。袁名曜善于撰写文章，又长于议论，更难得的是，他不但重视读书，还重视实际。每到一地，他总是格外注意当地的地势是否险要，水利是否完善，以及该地区的地理沿革等。这种重视实学的教育思想和风格对魏源学识的增长和思想风格的形成都有深远的影响。

与此同时，岳麓书院所体现出的，自南宋以来逐步积淀形成的湖湘学派主张通经致用、反对空言不实的学风，给魏源的人生打上了极为深刻的思想烙印。岳麓书院正如乾隆所提匾额上说的，是"道南正脉"，清朝时历任山长都是著名理学家，他们提出的"教学者以坚定德性、明习时务"为主的教育方针，以及要求"诸生骈研神秘，各抒所长"的实事求是精神，培养了一代又一代的杰出人才。嘉庆、道光年间的陶澍、贺长龄、魏源等都是其中翘楚。

在岳麓书院读书时，魏源延续了自己对程朱理学、阳明心学的兴趣，并遇到了李克钿、何庆元等志同道合的朋友。几个年轻人都对理学家的书籍充满了狂热的喜爱，他们对《近思录》等都很有钻研，并将其渗透到自己的为人处世中去。

《近思录》是朱熹与吕祖谦共同编纂的理学家著作，搜集了宋儒关于做人、治学和从政等的"名言"，供人阅读、学

岳麓书院讲堂

习。朱熹认为，四书是五经的阶梯，《近思录》是四书的阶梯。可见《近思录》在理学家心目中的地位是多么重要。魏源三人的书信往来中常见对《近思录》内容的引用，他们不断用此激励自己，渴望早日步入仕途，成为国家的栋梁之才。

魏源在读书的闲暇，还常常漫步书院爱晚亭，或与好友相约游览岳麓山，甚至独自一人在夜晚披衣独坐、俯仰天地，听蛩音鸣响，看萤火虫飞舞，发出关于宇宙人生的无限感慨。

毫无疑问，在秀美金潭成长起来的魏源自小乐山爱水，他畅游衡山之时就曾作诗描绘"群山滚滚波涛浮，向背宾主无处求"的壮观景象，并以少年人的峥嵘姿态，发出了"从此芒鞋踏九州，到处山水呈真面"的呐喊。

这样的诗句，仿佛一种预示。这个厚积薄发的青年正以他独特又敏锐的视角观察着周围世界，正用他的脚步以及实用精神丈量着脚下的国土、思维的领地。芒鞋踏遍，他终将穿透层层迷雾，看清"山水真面"。

第二章 求学交友

北上求学增广见闻

按照清朝的规定，各省学政从地方上选拔出的优贡生，送到北京以后，都要到国子监去读书，然后参加在北京举行的会试。魏源于嘉庆十八年拔贡后，本该与贡生李克钿等人一道进京考试，但据记载，"嘉庆癸酉，二十岁举明经，明年侍春煦公起复入都"。是说魏源并没有当年入京，而是等到第二年，父亲魏邦鲁为魏源祖母守孝期满后，父子二人一起北上。

第二年，也就是嘉庆十九年（1814年），魏源辞别了慈母和胞弟魏淇，满怀着青年人对理想人生的渴求与五彩世界的向往，与心系工作、急于回江苏复职的父亲一同启程，开启了全新的求学旅途。

中国人讲求"读万卷书，行万里路"，魏源此前一直在桃源般的故乡苦读，所到之处最远不过岳麓书院，与社会的接触更是少之又少。此次北上求师，沿途他增长见闻，大开眼界，习得了许多过去在书本上见不到的东西。

乘一叶扁舟，魏源自湖南到北京，途经湖北、河南、河北三省。经湘江，"树色骄帆色，湘声乱雨声。舟行岳变化，棹犯水空明"，那湘江的九曲千峰荡涤他的心灵；入洞庭，"谁吞七泽水，醉尽五湖秋。鸥鹭双蓬梗，乾坤一钓舟"，那洞庭的烟波浩渺引发他思古的幽情。

在苍茫天地间，人就变得渺小。加之魏源的父亲魏邦鲁一向为官清廉、生活简朴，父子俩飘荡江上，伴随入冬后的雪花纷扬，颇有穷寒孤寂之感。因而魏源写道："虽邻估客间，颇同穷巷辙。谁能沽一尊，慰此孤舟客？"想来这时，他定然对往昔杜甫书中所写"飘飘何所似，天地一沙鸥"的情境有了格外切身的感受。

游至武汉，魏源登上蛇山黄鹤楼，俯瞰滚滚大江东逝，先贤们的诗篇不断冲击着他的心灵。崔颢有云："黄鹤一去不复返，白云千载空悠悠"，李白也同样在这里留下了"孤帆远影碧空尽，唯见长江天际流"的千古名篇，实地吟咏这些诗句，感受烟波江上日暮怀归，那种渺茫不可见的境界让青年魏源的心中涌出难以言喻的苍茫之感。

去到河南，他也亲往岳飞庙，并作有《朱仙镇岳鄂王庙作》等诗，对岳飞英勇抗金、"怒发冲冠"的豪情壮志，吴钩空握、壮志难酬的忧患悲愤，表现出深切的敬慕之情。他在诗中说："恭惟忠孝人，英气寂不回。不回亦谁知，檐马闻风雷。"

魏父此行是为到江苏复任巡检，因而父子两人在武汉江边分手，魏源与同乡同行北上。

魏源一直生长在山水秀丽的湖南山区，在二十年的人生经历中还从未领略过北方的壮阔山河。"一如河南道，十里惟广漠。更无山可清，惟有水长浊。"广袤雄浑的背后，更多的是一片苍凉。

彼时黄河南北水旱成灾、兵祸不断，因而出现了一片荒凉、满目疮痍的境况，这与魏源设想出入颇大，更给他深刻震动。那时，河南广大的农村地区不仅山秃水竭、生机寥落，还有"食鸩止渴饥，僵者乱如麻"情况，村民们还因饥饿难忍，挖食野菜、吞食有毒的荞麦花充饥，结果造成了大量死亡，至于鬻儿卖女换取粮食的事情，更是普遍。

见此场景，魏源游兴大减，反而不断思索造成这一问题的根源所在。他在《北上杂诗》中说：

> 滑台阻运河，距卫百里圻。
>
> 去岁大兵后，大禊今苦饥。
>
> 黄沙万殍骨，白月千战垒。

至今禾麦地，极目森蒿藜。

借问酿寇由，色哽不敢啼。

　　这首诗是说，滑县一带靠近卫河，距离卫辉府（汲县）不过百里。在去年的兵乱之后，今年又逢饥荒，因而黄沙之上有无数的尸骨，所见之处均是野草丛生。他向乡亲询问造成这次变乱的原因，村民们全都哀伤得说不出话来。

　　魏源认为，造成农民生活困苦的根源在于战乱和兵税。

　　诗中所说的由战争导致的人为灾难，指的是前一年（嘉庆十八年，1813年）九月，河南滑县李文成等人发动的天理教教民起义。

　　天理教也叫白阳教，实际上则是白莲教的支派——八卦教。该教崇拜太阳，信奉无生老母，是秘密传教于黄河以北民间的宗教团体，教民一直在河南滑县、河北长垣、山东曹州等地暗中活动。李文成是八卦教中的震卦教主，他在起义后很快便攻下滑县县城，杀死知县。与此同时，河北省长垣县县城也被当地教民攻下。两县攻破后，知县强克捷和赵伦双双被杀。紧接着，山东曹州府的定陶、曹县也被起义群众攻破。虽然只是失掉了几个县城，北京的清政府却大为震动，急忙调遣军队前去镇压。先是派直隶总督温承惠为钦差大臣，但是，没过多久，温承惠就因不能取胜而被革去总督职务，改办后路粮饷事务。清廷又改派陕甘总督那彦成、陕西提督杨遇春、总兵杨芳等率兵前往。

九月十四日，八卦教头目林清派教徒200人潜入北京，第二日有九十余人借信教的低级太监接应攻入皇宫，甚至一度打到养心殿门内。事发之后，嘉庆帝的二皇子旻宁率人赶来救驾，守卫在隆宗门外的大臣侍卫随后赶到，众人合力用了两天一夜的时间才将起义群众尽数擒捕。不久林清也被捕杀害。

河南起义教民在滑县坚守了三个月后，清朝大军赶来，将滑县县城包围。清军最终用挖地道的办法，将西南城角攻破，进而攻下县城，致使李文成自焚而死，起义失败。在这之后，其他县城也相继被清军收复，河南、河北、山东等地爆发的天理教起义都被镇压下去。为镇压起义，清军杀死了许多百姓，更有屠人百万之说，这种说法不免夸大，但当时情景之惨烈可想而知。

由于战争的破坏和清军的蹂躏，起义之地出现了大量的饥民与饿莩，断瓦残垣，一片荒芜。魏源目睹的贫苦农民受害的惨状，便是这场起义最直接的后果。除了痛心战乱之祸，同时注意到了北方的情况，深切地感到水利问题的迫切性。

"西北水利枯，东南漕运遄。"魏源认为，北方不重视水利，不仅影响了本地粮食的生产，还因为北京依靠南方漕粮供养，致使南方农民因重税被迫逃亡，北方水利实则关系全国大局。而如果治理了黄河，各地能够沟渠相通、井田互助，黄河南北或可以"想见画井初，湮夷成沟涂。积久遂豁然，亘地皆膏腴。千年屡沧桑，海陆空平芜。谁言尽地利，地利弥有余"的景象。从此时起，写就一部专讲水利的书，使北方农业增产、人民免受饥寒之苦的想法便在魏源的脑海中逐渐生根，他甚至幻想着自己能像大禹一样为民治水："旅客有奇梦，梦游古华胥。手成水利书，副以井田图。拜献神禹前，斯民免为鱼。"之后他在水利方面的众多建树，起点便始于此。

魏源求学路上的所见所闻，使他前所未有地清醒认识到清政府所面临的极其严重的社会矛盾与社会危机。然而，面对眼前残破的黄河堤防、日渐深重的民生问题，书生魏源感到深深的无奈与无力，唯有长叹一句"陵谷复陵谷，太息重太息"。他再也没有了在南方时的赏景兴致，无心沿途风景，而是匆匆踏上征途，一路北上。

君子之交情深意重

魏源在家乡读书时就已有广交天下师友的强烈愿望，他曾在故居厅堂柱子上题写楹联："读古人书，求修身道；友天下士，谋救时方。""学贵运时策；友交立德人。""尽交天下士；长读古人书。"经人考证，这些对联大多是魏源在岳麓书院学习并拔贡回乡时题写的。对联中少年表现出的，期待经世致用、建功立业的人生抱负与求贤若渴、报国救时的志向，深受岳麓书院经世致用、"康济时艰^①"的学风影响，更体现了他的鸿鹄之志。魏源此次到北京学习，便成了他"尽交天下士"的第一次成功实践。

魏源在北京暂居的目的，一是准备参加下一科的考试，求取功名；二是寻师访友，结交英贤，进一步深造。古时多重乡土观念，年轻人到异乡去一般先要拜访同乡前辈，魏源到北京后，他首先找到在北京的湖南同乡、其时在北京做翰林院编修的陶澍。

陶澍（1779—1839），字子霖，一字子云，号云汀、髯樵，湖南安化县小淹镇人，清代经世派主要代表人物。他是嘉庆七年（1802年）进士，官至两江总督。他为人正直，勇于任事，改革弊政，成绩卓著。

传说陶澍早年未显达时，因家境贫寒，曾受魏源祖父孝立公的资助。做官以后，他派人到邵阳还钱，孝立公坚决不肯接受，并对来人说："钱财是流通的东西，我不是靠它来谋利的。我只希望你家的主人做官清正，爱护老百姓。这点钱不必还了。"有了这层关系，魏源到京以后更是受到陶澍的照顾。

拜会陶澍以后，魏源还特别拜访了同乡周系英。周系英

---

① 康济时艰：湖湘学派创始人胡安国的治学宗旨。

国子监

（1765—1824），字孟才，湖南湘潭人，乾隆五十八年（1793年）进士，又于嘉庆十九年（1814年）升任兵部右侍郎。他职位较高，颇得皇帝赏识，平生著述不多，唯好吟哦。魏源带着自己的诗前来拜访，正好对了先生的胃口，因而周系英对同乡后辈魏源可谓是关爱有加。他认为魏源的诗敦厚典雅，忍不住到处宣传，在同僚中大加赞扬，使魏源"数日名满京师，中朝公卿争纳交焉"。出于对魏源的赏识，周系英还把他延请到家馆做幕僚，其子周诒栻、周诒朴也是在这时与魏源结识的。后来，魏源与周诒朴的关系尤为密切，直到老年仍有来往。

魏源对周系英的知遇之恩始终感激不已。周系英后因江西商贾与湘潭商民械斗事牵连免职，直到道光帝即位时才予以平反，调回北京官复至侍郎，道光四年他病逝于江苏学政任所。魏源闻此大恸，专门作了《神道碑铭》，在碑文中详细叙述了江西案件的曲直，以使"迄今海内传闻，尚有不尽其情者"了解事件的真相，并对周系英作出了"文学在士林，典刑在乡邦，政绩在海内"的评论。

除了拜访同乡前辈，魏源还有一项要紧事，就是拜见座师。座师相当于主导师，拜入门下者皆可称及门弟子，其弟子可求教其他硕学名儒，但只能算作从师。魏源此次得以进京到国子监拜师为学，是由拔贡座师汤金钊奉皇命从湖南选入的，因而魏源还要拜见他。时任詹事府詹事和内阁学士的汤金钊生性宽厚，治学不立门户、不争异同，只是潜心而已，因而深得京城各官的敬重。魏源受他的影响，进京求学也像座师一样不立门户，不究派别，虚心向各派的名家广泛求教，兼容并包，以求博学精深。而这样兼收并蓄的治学理念也贯彻了他的一生。

拜见过座师汤金钊之后，魏源还拜见了前湖南学政、现任左副都御史的李宗瀚。李宗瀚体恤学生，考虑到魏源在北京进修和待试期间难免手头拮据，肯定需要生活费补给，于是特意把他请到家馆教孩子们读书，对他甚为宽厚。同时，李宗瀚"好聚书，癖嗜金石文字"，他那些稀有的藏书让求知若渴的魏源欣喜若狂。据说，为了鼓励魏源读书，并方便他借阅书籍，李宗瀚特地将家中一辆旧马车供魏源调用，借书还书时用此代步。而魏源则为了表示对书主人的尊重，每次借书还书都必定亲自前往，以至街市上车马之声不绝于耳，久而久之还成了附近的小小一景。

大概是通过陶澍和座师汤金钊、李宗瀚等的引荐，魏源在北京还得以拜谒胡承珙、姚学塽等当世大儒。经胡承珙传授汉儒家法，魏源从最初的对程朱理学感兴趣而逐步登堂入室，开始究汉代《诗》①学，也在此时，魏源产生了通过搜集齐、鲁、韩三家遗说来发挥三家《诗》②微言大义的想法，对此，他在后来的著作《诗古微》中做了实践。

姚学塽也对魏源指导颇多。魏源曾向他请教过《大学》古本的问题，姚先生不仅数语说出《大学》古本的脉络，更是告诫魏源治学"惟在致力于知本，勿事空言而已"。姚先生为人正派，待人谦和，清正廉洁。按照当时的习惯，外省官员到北京来探望同乡、同年或世交朋友，告别时总要赠送银两才能离去。姚先生遇到这种情况一概谢绝，实在盛情难却的，他就把钱财捐送给同乡会馆充作公用。他平日饮食也是粗茶淡饭，穿戴不过粗布短褐。在北京经营数十年，官至三品的他竟然连自

---

① 《诗》：指《诗经》。
② 三家《诗》：《齐诗》《鲁诗》《韩诗》的合称。秦朝焚书坑儒后，《诗经》留传为三个版本。

己的住处都没有，只是寄居在破旧的寺庙中，以纸为窗，以布为幕，寒冬之时，床上落满了雪花，他也不以为苦。姚先生的为学和为人都对魏源影响很大，除了学术上的精进，魏源更受到了高尚品格的熏陶，以至使其"心中固终身仰止"。

但要说魏源受学最多的，还应当算是刘逢禄先生。刘逢禄（1776—1829），字申受，号申甫，又号思误居士，江苏武进人，时任礼部主事。刘逢禄的外祖父庄存与，舅父庄述祖，都以擅长经学有名于世。刘逢禄受他们的影响，对经学也很有研究，著有《公羊春秋何氏释例》《尚书今古文集解》《诗声演》《易象赋》等。魏源在他门下进行了系统深入的学习，后来所作的《公羊古微》《诗古微》《书古微》《庸易通义》等都或多或少受到他的影响和启发。

魏源在名师的指导下，学问精进，且钻研范围愈发广泛，读书愈发刻苦。罗汝怀在《古微堂诗集叙》中有一段描写是这样的："及居京都，破屋昏灯，敝冠垢履，数月不易衣，屡旬不剃发，以搜索古籍。"说的是，魏源为了钻研和整理《大学》古本，埋头苦读五十余日，甚至都抽不出空来去看望座师汤金钊。汤先生担心他独在异乡，若是身染风寒定然没人能看顾左右，于是特地到魏源住处看望。没想到魏源灰头土脸就出来了，头发更是乱如蓬草，着实吓了汤金钊一跳。汤金钊一面赞许他的刻苦勤学精神，一面劝告他不要过于劳苦，以免伤了身体。

不可否认，正是由于在京期间这样废寝忘食地勤学钻研，魏源不仅留下了《大学古本章句疏证》《近思录补注》等理学著作以及许多与师友酬和的诗文，更为一生的学问奠定了扎实的基础。

魏源到京后交友甚广，除去拜访名师，他还多与同辈交流，而其中与他一见如故，最为意气相投且成为终生挚友的，应是陈沆。

陈沆（1785—1826），字太初，号秋舫，湖北蕲水人，嘉庆二十四年（1819年）状元，翰林院修撰，充考官，后转四川道监察御史。陈沆喜欢研读宋朝理学家的著作，与董桂敷、姚学塽等学者关系较近。他以状元及第，又在翰林院工作，最为时人所羡慕。但陈沆并不骄傲，与魏源相识时，他方以举人考取国子监学正，在京城已颇有名气，有人劝他不要跟魏源交往，因为魏源没有功名、职位，与他交往实在有失身份。但陈沆不以为意，甘愿与一个初来北京的学生为友，互相切磋诗文和理学，两人更是通过交流，惺惺相惜，情谊日笃。这种二人一见如故即难舍难分的感情，被陈沆形象地写进了诗中。《将出都，始识魏默深，长歌别之》有云："十年客南国，不闻魏君名。一朝长安道，倾盖如平生。昨日相逢今日别，执手苍茫不能说。"

陈沆与魏源可谓倾盖如故，二人之间"有所作必互相质难，期达于精而后已"。陈沆的诗集《白石山馆诗》，魏源竟先后阅读了八次，每一易稿，阅读一次，且每次都有评语。陈沆四十一岁去世后，魏源为了怀念亡友，更整理了自己的著作《诗比兴笺》，并将其送给陈沆的儿子陈廷经，使之假托"陈沆"之名刊行，只为给亡友增加一项事业，可见二人感情之金石不渝。

魏源自嘉庆十九年（1814年）春进京，至嘉庆二十一年（1816年）冬返回湖南，在京学习交游近三年。这三年里他孜孜矻矻，笔耕不辍。那勤勉精神正如他自己在诗中所写的那样："长安车马地，花落不知春。"陈沆也有诗记录，说他："三年长安住，艰苦厚自持。"北京是清朝的首都，官僚富商，甲第连云，评花赏月，弦歌宴饮。魏源虽身居车水马龙的繁华市井，却因埋头苦读，忘却了春夏秋冬，时序更移，更顾不上花开花落，月圆月缺了。

这样的苦读，万分考验一个人能否耐得住寂寞。当时的魏源借住在徒有四壁的教馆中，一边在李宗瀚的家塾中教孩子们读书，一边自己苦读。学生放假回家以后，热闹喧哗无影无踪，只剩得魏源孤身一人在摇曳烛光中茕茕孑立。这样的漫漫长夜，教他如何不思念远方的父母？

直到在京的第三年，魏源才终于收到了父亲从江南寄来的家信。信中勉励他在艰苦环境中努力学习，不断上进，好让父母放心；身为年轻人对于朋友更要慎重选择，不要步入歧途；

更问及他冬天的棉衣是否已经穿上了身。一时间魏源悲欣交集，思绪万千。因离家太久、思乡心切，魏源最终决定离京，先南下前往江苏探望父亲，再返乡侍奉母亲。

中榜授馆潜心著述

魏源于嘉庆二十二年（1817年）春乡居侍母，那时，他已经年近二十四岁。这些年因祖母去世、父亲守制及自己进京求学、家境愈发加贫寒等原因，魏源的结婚时间有所耽搁，在当时，他可以算得上是不折不扣的"大龄青年"了。终于，有人趁着魏源归家侍奉母亲这段时间，到魏家说起了魏源的终身大事。女方严氏是邵阳东门外的大家闺秀，其父严翊羲虽此时还只是一名邑太学生，但其祖父严安儒却是乾隆朝的举人，曾历任江西万安、乐安知县，升任江南同知、扬州通判。这对于渴望成为仕宦家庭的魏府来说，真可谓是理想的联姻对象，因而两人的婚事便很快由父母做主定下了。

按照当时邵阳农村的习俗，人们为了越冬、或者庆祝特定场合的到来，总喜欢酿造一种糯米酒，魏源订婚也不例外。魏母开心地为儿子张罗着酿酒，不料等这酒舀出来，魏母赫然发现那酒竟不是平时酿制的黄色，而是极为少见的桃红色。只见那酒在瓮中"潋潋霞泛盏，浥浥香浮蛆"，正当魏母惊疑不定、不知是吉是凶之时，邻家妇媪走上前来恭喜她道："这红色正是红喜事的吉兆，说明您家这是天赐的姻缘啊。"魏母闻此不由得眉开眼笑，当即决定以酒酬客，还豪言道，"等明年我儿娶媳妇儿，更要再酿一百瓮这桃红酒。"

嘉庆二十三年（1818年）春，"大龄青年"魏源终于与严氏完婚。魏源的妻子严氏生于嘉庆元年（1796年）九月初八日，比魏源小近三岁，她不仅生性温良贤淑，更是知书达理，婚后与魏源举案齐眉，伉俪情深。

但甜蜜的日子并未持续多久，因生计所迫，加之友人姚兴洁邀请，魏源辞别家人，赶赴辰州帮忙编纂《屯防志》和《凤凰厅志》。幸而编书的时间并不长，魏源很快回到家乡，为再次入京做准备。

嘉庆二十四年（1819年）八月，魏源再到北京，参加顺天府（北京地区）的乡试。

这是每三年举行一次的省一级的考试，又称"大比"，因为考期定在农历八月，故又称"秋闱"。乡试共分三场，初九日为第一场，十二日为第二场，十五日为第三场。每一场考试都是先一日点名领卷入场，后一日交卷出场。考试文体也与童试一样，是时文八股。至于考试内容，第一场考四书文三篇，五言八韵诗一首。第二场考经文五篇，题出自《易》《书》《诗》《春秋》《礼记》。第三场考策问五道，并问经史、时务、政治。第一场文三篇，每篇七百字为率，违者不予录取。二、三场时表不得超过千字，论策不得超过两千字。乡试三场一共要考九天，加上时值农历八月，天气尚热，实在闷得人难受，三场考试是对考生能力与体力的巨大挑战。更有甚者，考场每排号房尾部有厕所，炎炎夏日臭气弥漫，如果座号是恰好挨近厕所的"臭号"，即便能坚持不交白卷出来，考完也必定大病一场。

魏源这次的考号如何，我们已经无从知晓，但他这次的成绩却不甚理想，没有被列入正榜，即没有录取为举人，而只列为备取的副贡（副榜），并不能更进一步去参加科举制度的最高级考试——会试。无奈之下，他只好又在北京住下来，等待下一科（三年一次）的乡试。

嘉庆二十五年（1820年）七月，年仅六十一岁的嘉庆帝暴病死于热河承德避暑山庄，皇二子旻宁继位，这就是道光帝。也是在这一年，魏源将母亲妻子一家从邵阳迁去江苏，一直随父住其任所。

道光元年（1821年），皇帝即位举行恩科考试，也就是额外的加试，魏源参加。谁料，他的文章虽然极为出彩，也得到了考官的特别推赏，却因为有词语涉嫌影射皇家而被"抑置副榜"，仍被录取为副贡。等到了道光二年（1822年），顺天府举行正科乡试，魏源终于高中第二名，俗称"南元"，这一年，他二十九岁。

据说，当时魏源的文章作得极为精彩，主考官评其"陈言务去，清光大来"，副考官的批语是："笔力清刚，精采焕发"。

以至于呈到皇帝面前，道光帝御批"嘉赏"二字，使得魏源在京城的名气陡增。

此次来京，魏源不但考取了举人，还结识了一批颇有抱负的友人。

魏源中举后在同乡京官赵慎畛家授馆，与他共事的还有宗稷辰、陈起诗等人，更有汤鹏、姚莹、张际亮等僚友"以道义文章相砥砺"。他们一起研究时务，关心国家大事。魏源与好友的相互交流也促进了他学业的成就。

魏源的几本重要著作就是在这个时期完成的，主要包括《公羊古微》《诗古微》和《书古微》等。《公羊古微》原稿据说在辛亥革命时的一次兵乱中丢失，我们遗憾不能见到原本，幸而《诗古微》和《书古微》尚有刻本传世。

《诗古微》研究汉代解经家对于《诗经》的古义。《诗经》在西汉时有鲁申培、齐辕固生和燕韩婴三家，后来又有毛公的解释。魏源在《诗古微叙》中叙述了他研究《诗经》的经过。他说，最开始自己对于四家注并没有成见，但研究了较长时间以后，发现《毛诗》很多讲不通的地方，在三家《诗》中都得到了解释，三家虽有不同，但基本论点是一致的，三家实为一家。经过几年的研究，魏源越发感到学问之道绝不可浅尝辄止，只有真下苦功才能得到正确的理解。

《书古微》成书较晚，是为了发挥《尚书》今文经学家的微言大义而作，它的内容与《诗古微》相似，也是肯定今文经学家对于《书经》的解释。《书古微》共12卷，叙作于咸丰五年（1855年），实际上，魏源大约也是在道光年间完成初稿，后不断补充修改，至咸丰初年才成为定本。

魏源的另一部成名之作，即后来收编为《古微堂内集》的《默觚》一书，也是从这时候开始创作的。魏源字默深，"觚"字是简牍的意思。因而这个书名的意思其实就是"魏源的读书笔记"。这读书笔记分上下两篇，上篇《学篇》十四，下篇《治篇》十六，全书总共165条，每条最短的仅数十字，最长的也只有七百字左右，言简意赅。

《默觚》是魏源一边读书一边做的记录，内容无所不包，主要是魏源治学并联系当时社会实际，发表的自己对于哲学、政治、法律、教育、历史、经济、文学等多方面的见解。其中有很多条目涉及了政治的许多问题，如"变古愈尽，便民愈甚""自古有不王道之富强，无不富强之王道""人材者，求之则愈出，置之则愈匮"等关于改革弊政发展经济和重视人才的思想，可见他对清朝的社会以及政治经济中的问题已经有了比较深刻的认识，也印证了魏源作为经世学家，思想上已日臻成熟。

魏源不仅著书论说，还常与蒋廷恩、陈用光、钱仪吉、光聪谐、胡承珙等学者一同集会。他们像汉朝儒生那样重视考证、训诂之学，因而称为汉学家。魏源常与他们参加纪念活动，也从侧面说明了此时的魏源已经步入了汉学家的行列。

第三章　经世致用幕府谋改革

贺幕编撰经世文选

道光四年甲申（1824年）三十一岁的魏源趁着大好春光回江苏探亲。江南的春色婉转明媚，更安慰了这个漂泊游子的心。魏源多年留京，虽刻苦勤勉，奈何时运不济、命途多舛，始终未能中得进士，在仕途上更进一步。于是他萌生了回乡的念头。同年十一月，魏源终于结束长达11年之久的漂泊羁旅生涯，从此常住江苏。

那时的江苏属两江总督管辖，时任两江总督的是琦善，江苏巡抚是魏源的熟人陶澍，江苏布政使是贺长龄。陶澍和贺长龄两人都是善于处理地方事务、勇于改革弊政的官员，魏源在京时就多承蒙陶澍照顾，与贺长龄也是老相识，两人都是魏源极为敬重的前辈。

其实"前辈"贺长龄只比魏源大九岁，但因他科场遂意，官运亨通，所以年纪轻轻已任江苏布政。贺长龄是湖南善化人，早年也曾在岳麓书院求学。他同魏源一样，他早在读书时就已经形成了主张经世致用、革除时弊的思想，极为关心社会现实。进入官场后，贺长龄更是极尽所能倡导经世致用之学，渴望凭一己之力对社会弊病有所革除。

为了实现这一想法，贺长龄一直很想选编一部有关经世致用的书籍，来扭转当时"学者群趋于考据之一途"的"浮藻饾钉①"学风。正巧此时魏源定居江苏，而通过在京时的交往，贺长龄已经非常熟悉、了解魏源，欣赏他的才华，更感到自己需要的正是魏源这样博学多才的幕僚。于是，贺长龄聘请魏源入幕，一方面参与筹划正在议行的漕粮海运事宜，一方面委托他仿照陆燿《切问斋文钞》②体例，编辑一部本朝人有关经世的文选。

贺长龄编撰经世文选的这一想法可谓与魏源不谋而合。必须承认，清王朝为了巩固和维护其异族统治，自建立以来一直对知识分子的经世思想进行残酷的打压，而其巩固统治的主要手段，一是大兴文字狱进行镇压，二是以科举制度灌输思想、拉拢人才。在这种情况下，知识分子们被迫走上一条脱离实

---

① 浮藻饾钉：浮华堆砌的文辞。饾钉：食盒中堆积的果饼食品，在这里比喻文辞的罗列、堆砌。
② 《切问斋文钞》：乾隆年间学者陆燿编辑的清初至乾隆时有关"风俗之盛衰、吏治之得失、民生之疾苦"的言论。

际、逃避现实的道路，转而埋头古籍的考证与整理，形成了为考据而考据的乾嘉学派。

每个时代都有属于它的先行者。魏源、贺长龄、龚自珍、林则徐等一批敏于时事的士大夫，深受"经世致用"思想的感召，将视野从泛黄故纸堆移向矛盾众多的现实世界，并成功引领了一股经世思潮。

本着以经学解决实际问题的思想，魏源开始为贺长龄选编《皇朝经世文编》。为了真正编好这套文选，他花了一年多的时间，广泛阅读、精心遴选。从清初至道光五年的各家奏议、文集、方志等文献中，他精心选录了"存乎实用"的文章共2236篇，并将其分为学术、治体、吏政、户政、礼政、兵政、刑政、工政等八个门类。每门再分若干子目，如"户政"门分为理财、赋役、屯垦、八旗生计、农政、仓储、荒政、漕运、盐课、钱币、榷酤①等11个子目，选录的论文几乎包含封建国家的经济领域的所有问题，其中尤以税收、农业政策、漕运、盐法、币制、备荒等方面的文章为主，是研究鸦片战争以前清代经济状况的宝贵材料。

魏源在本书的叙言中提出了"善言心者，必有验于事；善

---

① 榷酤：泛指一切管制酒业、取得酒制的措施。

言人者，必有资于法；善言古者，必有验于今；善言我者，必有乘于物"的四条原则。他着眼现实，立足实践，以求经世济民，匡时救弊。

他还在《皇朝经世文编五例》中确定了编选本书的五项原则，即审取、广存、条理、编校和未刻，在这之中，他格外强调审取和广存。

审取，就是选文章要有严格的标准。第一是有用，空泛而没有内容的不选；第二是对今天有用的就选，对于前朝有用而对今天已经失效的也不选。魏源曾说："书各有旨归，道存乎实用"；"凡古而不宜，或泛而罕切者，皆所勿取矣"；"时易势殊，敝极必反。凡于胜国为药石，而今日为筌蹄者，亦所勿取矣"。这些想法，时至今日仍极具借鉴意义。

广存，即各种意见都要选存。就是在符合选录标准的条件下，要取材范围广泛一些，各种议论都收入，有时相反的意见恰好可以起互相补充的作用，这样才能集思广益，供读者择善而从，才能有助于致用。

除了编书原则，通过魏源对文章的选取和删节，以及他给所选文章加的按语，我们也能看出他的思想变化与大致脉络。

魏源早年在家乡便开始崇尚程朱理学，后来进入京城与汤金钊、陈沆等理学家密切交往，理学积淀越发深厚；后来他受经学家胡承珙、刘逢禄等人的影响，而有经学古微的著作；与龚自珍、姚莹、汤鹏等人相亲近，又做了经世派贺长龄的幕僚，加之借由编选《皇朝经世文编》之机广泛浏览前人著作，不断倾向于经世之学。因此，在《皇朝经世文编》中，我们既可以看到他身上程朱理学的浓重印记，又有"永嘉之经制""夹漈之考索"等经世思想的痕迹。也正是由于编书而广泛阅读众多文章，接受了各类不同思想的洗礼，魏源的学识愈发渊博，视野也愈发开阔。因而我们或可将道光五年（1825年）视作魏源早年与中年思想分期的分界线，众多思想的汇集之中，他不断取舍，形成了个人的思想观念，更为今后的创作与仕途工作打下了坚实的基础。

《皇朝经世文编》于道光六年仲冬编成。自道光六年第一次刻板印刷，该书"数十年来风行海内，凡讲求经济者，无不奉此书为矩矱①，几于家有其书"。不仅道光、咸丰、同治、光绪等朝代多次翻印，版本总计可达二十余种，且仿其体例的续编、新作直到民国时期仍旧层出不穷。比如，张鹏飞《皇朝经世文补编》、饶玉成《皇朝经世文编续集》、陈忠绮《皇朝经世文三编》、何良栋《皇朝经世文四编》、求是斋主人《皇朝经世文五编》等等，据统计达17种之多。

自《皇朝经世文编》印行之后，经世致用之学在知识分子中渐渐深入人心，当时的空疏学风为之一变。它不仅重新开启

---

① 矩矱：规矩法度。

了学术界重视实学、经世致用的学风，更成为了变法维新、除弊改制的先声。

随着《皇朝经世文编》编撰的完成，魏源在贺长龄幕府已待了将近一年。总体来说，清代的幕府人员还是相对自由的。幕僚与幕主的关系并非我们所设想的上下级，甚至主仆关系，幕僚的地位与幕主几乎是平等的。人们习惯性将幕主称为东家、东主，但是并不需要跪拜，只相互作长揖。而魏源与贺长龄、陶澍，除去幕僚与幕主的关系，更是政治志趣相同的同乡故友，因而，魏源虽身在幕府，但活动是非常自由的，他可以著书、编书，可以应考、访友、出游，还可以兼做票盐生意，较为优裕的环境也让他的才能得到较为充分的发挥。此时的魏源心情舒畅，经济上宽裕，而且经世才干得到了充分发挥。

为了更加方便编书工作，魏源在南京买下一处住宅，取名"湖干草堂"。草堂坐落在城西乌龙潭的西岸，近依盋山。乌龙潭的湖面不甚宽广，但胜在狭长曲折，颇具扬州瘦西湖的风韵，更有南京小西湖之美誉。湖中芰荷丛生，两岸桃红柳绿，景致十分优雅。魏源十分喜欢这处居所，曾赋诗数首来歌咏草堂生活。

其中一首《卜居金陵买湖干草堂》是这样写的：

春风绿尽一池山，闭户文章败叶删。

不是老僧来送笋，如何倒屉出柴关。

透过这首诗，我们仿佛可以看到，温柔的春风吹绿了池塘和小山，魏源关着柴门在屋中勤勤恳恳作文删诗，要不是隔壁有僧人为他送来鲜笋，恐怕门外的我们也看不到他匆忙间倒穿着木屐便跑出门来。

大约在道光十一年（1831年），魏源的在父亲魏邦鲁逝世后扩建湖干草堂，亲自题写"小卷阿"的门额。"卷阿"是《诗·大雅》中的篇名，卷者曲也，阿者大陵也，二字点明了南京钟山龙蟠、石城虎踞的地势。同时，史书记载，周成王率文武群臣到卷阿宴歌游乐，周成王的叔父召康公赋诗一首，即载于《诗经》的名篇《卷阿》，魏源以此命名住地，许是多少希望自己能早日遇到成王一样的贤主，得以重用吧。从此之后，南京小卷阿便成了魏源及其子孙世代居住的地方。

参加诗会写作风流

道光六年（1826年）春二月，又是科举时节。

魏源与好友龚自珍一道进京参加北京的会试。这次考试，刘逢禄任分校，看到浙江、湖南两省里的两张卷子"经策奥博"，便认定说"此必仁和龚君自珍、邵阳魏君源也"，于是将其极力推荐。但遗憾的是，这两份试卷最终还是没能被录取。向来爱惜人才的刘逢禄先生还为此特意作了一首诗，题为《题浙

南京魏源故居"小卷阿"门

江湖南遗卷》。诗中说："更有无双国士长沙子，孕育汉魏真经神，尤精选理跻鲍谢，暗中剑气腾龙鳞……萍踪絮影亦偶尔，且看明日走马填城。"这诗不仅大力夸赞了魏源、龚自珍二人的才学文章，更预言他们很快便能高中，有朝一日定会"春风得意马蹄疾，一日看尽长安花"。随着这诗的流传，龚、魏二人在朝堂上的知名度更高了。

然而天意弄人，魏源的好运气却没有随着这首诗一起到来。道光九年（1829年）会试，恰逢为官"但多磕头，少说话"的曹振镛为正考官，魏源未中。曹振镛自乾隆至道光三朝宦海沉浮，取士的标准从来是试卷不问内容优劣，只求书法工整，诗词不论水平高低，只求平仄协调，"以致空疏浅陋竟列清班，甚至有抄袭前一科鼎甲策仍列鼎甲者"，这样的情境，怎能不令苦读之士寒心！道光十二年（1832年）会试，保守派穆彰阿为副考官，魏源又不中；道光十五年（1835年）会试，穆彰阿升为正考官，魏源仍不中，此时，他已四十二岁。

回到道光六年的会试，龚自珍、魏源这样的人才都没被录取，不免让人对录取之人充满好奇。然而让人大跌眼镜的是，此次引人瞩目的并非想象中的青年才俊，而是一位两鬓苍苍、年满103岁的期颐老人——来自广州府三水县的举人陆云从。他其实并无甚过人之处，却因主考官以"人瑞"的名号鼎力推荐，加之道光皇帝也高兴地认为取中这位老先生是吉祥的预兆，于是当即赐予他国子监司业的官衔。

由此我们或可以想见科举取士延续到道光年间已腐朽到了何等程度！真正的有识之士难以步入仕途，庸碌无能之辈却身居高位。在这样恶劣的环境下，很多关心时事、重视实学的底层官员与学子心中的抱负无处倾吐，因而他们常常会在读书之余，或三五一群，或呼朋引伴，举行各种定期或不定期的诗会，以切磋诗文，议论时政。

一般诗会活动，多在各自家中进行；但如果是春秋佳日、炎暑伏天，则多选择在风景较好的野外，或者比较幽静的古寺院之中，如北京的陶然亭、龙树院、花之寺、尺五山庄等。

当然，举行诗会的人有很多，流品也自然不一。虽有中下层官吏和爱国知识分子因政治抱负与理念相近走到一起，彼此讨论学术、议论时政、研究治国之道，但也有很多诗会是附庸风雅，假借诗会之名，饮酒作乐，并不从事诗文的探讨和写作。还有的虽有诗歌写作，但只是吟风咏月，言不及义。

"宣南诗社"是当时极为优秀的诗社之一。"宣南诗社"，原名"消寒诗社"，是由居住在北京宣武门外的一些官员组成的。其中主要成员有陶澍、顾莼、朱琦、夏修恕、吴椿、洪介亭等人，他们都是嘉庆七年（1802年）的同榜进士，且诗社建立之初都在翰林院供职。诗社成立在嘉庆九年（1804年），最初活动都在冬季举行，所以名为"消寒诗社"。但后来随着发展，活动已不限于冬季，无论春秋佳日，还是漫漫长夏，同好们也常常聚在一起谈古论今，索性改名"宣南诗社"。

随着诗社的发展，不断有新的成员加入其中，包括后来又增的胡承珙、钱仪吉、林则徐、朱为弼、汤鹏等人，不少诗社成员都是有名的政治家、学者或诗人。魏源当时尚未取得功名，年纪也不算大，本是没有资格参加诗会的，但由于他与陶澍、胡承珙较为亲近，且才华已经渐渐得到人们的认可，所以他得以有资格列席诗会。

道光六年（1826年）春夏之际，因会试留京的魏源应友人李宗传、姚莹的邀请，参加了在尺五山庄的诗会。尺五山庄位于右安门外，是乾隆时朝鲜族尚书金简的别墅，也是有名的避暑胜地。山庄中有荷塘垂柳、藤萝花卉，待到夏日，绿树荫浓、清波送爽，实在是消夏妙处。本次诗会的主持人是李宗传和姚莹，包含龚自珍、姚元之、胡方朔等人在内的与会者也都是诗人、经学家、古文家等知名人士。在这样的诗会中，上至国家大事，下至闾巷民情，他们畅所欲言，无所不包。

诗人朱绶曾在《宣南诗会图记》一文中说，北京是国家的首都，是天下人才聚集的地方，虽则现今天下太平，人民生活安定，但实际上需要治理的事情还很多，尤其需要兴利除弊，国家才能永享太平之福。我们不能仅以诗文的聚会为满足，相较家国命运而言，短时间的聚会或者是离别不必过分感慨。这在一定程度上表达了当时集会者先天下之忧而忧的情怀。

魏源在藏龙卧虎的京师，曾多次参与这样的诗会，在结识

魏源书法

了众多良师益友的同时，他也切实开阔了视野，增长了才干，对日后他从政亲民、敦品励学都有极大的帮助。魏源一向重视向身边的人学习，他曾在《默觚》中写道：学问，学离不开问。土没有土不会增高，水没有水就不能流，一个人同样不能离开别人的帮助。这不是自视甚轻，而是因为，没有尽善尽美的道，也没有十全十美的人，每个人都需要师友的帮助才能成长。其实魏源本身正是最好的例证，通过他个人的勤奋学习，又加之师友的大力帮助，他才得以日益成熟起来。

助力改革漕粮海运

道光六年（1826年）的考试失败后，魏源并未在京长留，而是再下江南，仍旧回到陶澍和贺长龄的官署工作。江南的辖地较为广阔，情况也很复杂，所以幕僚的任务比较繁重，又加上江苏漕运接连发生问题，两淮盐务由于官盐滞销，盐课减少，清政府十分忧虑。身为幕僚的魏源深感革新之必要，他帮助陶澍、贺长龄的官员进行了两项比较重要的改革，一是漕粮试行海运，一是引盐制改为票盐制。

江苏在当时素称泽国，河湖星罗棋布。江南之地本以土地肥美、水源充足著称，是当时中国农业、手工业和商品经济最发达的地区。然而自道光帝即位以来，天灾人祸频至，朝廷定额的漕赋年年催征不齐，百姓流离更不待言。积贫积弱，愈积愈深，酷似"日之将夕，悲风骤至"的情景。幸亏陶澍从道光五年由安徽巡抚调任江苏以来，励精图治，在处理海运、漕务、河工、赈灾等方面都卓有成效，百姓的生存困境多少有所缓解。

其实早在道光四年（1824年），江南御黄坝就由于年久失修，而导致洪泽湖决口，湖水泛滥使得运河水位下降，难以行船，漕粮自然也无法运输。于是有人建议引黄河水入运河，恢复航运。但问题是黄河水中挟带的大量泥沙难免会在运河中沉积，反而使得河床更为淤浅，并不能解决问题。于是又有人建议实行盘坝接运，但也不见效果。针对这种情况，清政府向地方总督、巡抚征求意见。时任江苏巡抚的陶澎与布政使贺长龄上书，主张将江苏的漕粮改为海上运输，不再在运河行驶。这种方法被朝中主持政务的协办大学士、户部尚书满族人英和所采纳。

魏源积极主张实行海运。他在代贺长龄写的《复魏制府询海运书》中总结道，实行海运对国家、人民和海商都有利，而反对实行海运的实际上是那些在漕运中中饱私囊、谋求个人利益的税侩和仓胥①。同时他也指出了实行海运的困难，如"风涛""盗贼"和"霉湿"等问题。但魏源认为这些都是可以克服的。

彼时清朝开放海禁已有一百三十多年的历史，从上海到辽东，常有商船来往，相对安全。且成熟的海商拥有大量可用的坚固船只，在运输途中不会发生问题。另外，从海上运输还可减少大量监运官员和运丁，节省人力与漕运开支。至于海风则有季节性，可以避开多风的冬季，利用东南风多的春夏季进行运输。而霉湿问题，由于海运从上海到天津不过10天，大米绝不会霉变。经过魏源这样分析，江苏官员对实行海运更有信心了。

在英和的支持下，朝廷终于同意江苏实行海运。道光五年（1825年）秋，陶澍先派贺长龄到上海去办理海运事务，魏源随行。贺长龄到达上海后，召集船商了解情况，稍后，陶澍又亲自到上海视察，众人反复商定，最后敲定雇用船只数量、每船装米数额、船只停泊处、具体悬挂旗帜的颜色等细节问题。

---

① 仓胥：仓吏。

道光六年（1826年）的二月一日，第一批海船从上海吴淞口出发，月底抵达天津，共运米112.2万余石，占漕米总量的三分之二左右。在这之后又陆续运送，至六月初全部运完，共装载正耗谷米163.3万余石，动用各式船只共计1562只。

这次海运，不仅未遭受风险，而且米质洁白，比往年的漕粮更好，所用时间比往年更短，经费还节省了许多，试验非常成功。至于清粮改由商船运输，其间节省的各种杂费，以及中饱勒索贿赂等官场费用更是无法计算。

海运成功以后，魏源将成功的经验总结为《道光丙戌海运记》一文。文中他指出，此次海运成功最重要的原因是借用了商人的力量，包括以下三方面：利用商人海运的路线代替官运漕粮的路线；利用商人的资力和船只代替了国家的经费和漕船；利用商人的航海技术和管理经验代替了官府的例行公事和不讲究办事效率的单纯任务观点。这一次的实践不仅在防止漕运腐败、革除陋规、减轻人民负担等方面见了成效，而且为朝廷节省了大量人力、物力、财力。

这是依靠商人力量的结果，究其本质，实际上也是商业资本直接进入漕运领域的一项财政改革。事后陶澍虽然受到道光帝的表彰，但由于商业资本的进入直接侵犯了一部分封建官僚的既得利益，所以即使海运实践大获成功，朝野上下仍然不乏反对与怀疑之声。

为了让更多人信服、真正实现海运的长久运行，魏源特地写作《复蒋中堂论南漕书》来进行回应。

他在复书中将那些怀疑者的观点归纳为"难散""难必""难恃"三点，并将这三难条分缕析，层层批驳，既说明了"三难"说法的不确，又提出了具体解决《三难》的有效办法，使人读后不得不深为信服。

魏源还用漕运扰官累民及贪污中饱已成百年痼疾的事实，从反面说明漕运之不可取，海运之应永行。在魏源看来，漕粮由河运改为海运，并非河运梗阻情况下的权宜之计，而是借海运来改变官僚机构层层把持漕运的旧体制，使贪官污吏失去插手漕运谋私的机会与条件，是为国家根除锢疾弊政的长远之策。只有坚持海运，才能"使每年藏富于民者百余万，省讼于官者百千案，省亏空于官者数十万。上下欢然一体，视周文襄、汤文正之裁减浮粮，功且逾倍，是所益在吏治、在民生"。

尽管魏源的文章丝丝入扣、令人信服，但刚刚发展起来的还显弱小的经世派终究敌不过强大的既得利益者，因而在道光七年（1827年）运河疏浚后，仍是重返故辙，漕运的各种积弊一仍其旧。魏源与各位同道中人的失望和愤慨可想而知。

也正是在这年十一月，魏源"心中固终身仰止"的老师姚学塽先生"拱坐而殁"，年六十有一。痛失良师的魏源回想往昔，先生谆谆教诲犹在耳畔，音容笑貌如在目前，他不禁悲从中来，特撰《归安姚先生传》以致哀悼，从五个方面概述了先生的品学：一是"居京师三十年，粗粝仅给，未尝受人一物"，即使是"京官赖以自存，习为常"的"印结费"或"贽献①"等，他也"独一无所受"；二是"持身严而遇物谦下诚恳，惟恐伤其意。自奉极清苦，而春秋祭祀必丰，祭毕辄邀同人饮餕"；三是"其文章尤工制义，规矩先民，高古渊粹，而语皆心得，使人感发兴起。有先生而制义始有功于经，当与宋五子书并垂百世，远出守溪、安溪之上，盖自制义以来，一人而已"；四是"先生之学，由狷入中行，以敬存诚，从严毅清苦中发为光风霁月……晚年德望日益隆，自公卿远近无不敬之"；五是"官京师数十年，未尝有宅，皆僦僧寺中，纸窗布幕，破屋风号，霜华盈席，危坐不动，暇则向邻寺寻花看竹，僧言：虽彼教中持戒律苦行僧不是过也"。一件件、一桩桩，都在魏源心中烙下了深刻的印记，他在仰慕先生品格的同时，更在潜移默化中将其作为了自己的人生准则。

道光八年（1828年），魏源35岁，他"遵酌增例，以内阁中书舍人候补"，入资为内阁中书。这是按清代科举之例，会试不第而成绩较好者，可由人引荐或捐资任内阁中书舍人。内阁中书舍人，就是内阁中书，是内阁中最低层的办事员之类的刀笔

---

① 贽献：献赠的礼物。

小吏。内阁的最高长官内阁大学士，虽名义上官居宰相之位，但实际上仅供皇帝"顾问"，并没有什么实权。有一点值得欣慰的是，内阁官吏所接触的多是朝中机密之事，内阁中珍藏的典籍和档案十分之丰富。魏源在那里"得借观史馆秘阁官书，及士大夫私家著述、故老传说"，为后来撰著《圣武记》积累了大量的资料。

这一年同时也是魏源的"旅游年"，他先至杭州，从钱东甫问佛学，又听僧人讲经。但这时的魏源无心出世，还有满腔抱负，誓要改革国家漕、盐、河、兵等要政，并没能静下心来钻研佛法。在这之后他又东游天台山、四明山、雁荡山等，作诗记游，冬天还随汤金钊经历西北，每到一处，他总要用心记录，大量游记诗篇都在这一年写就。因而可以说，道光八年不仅是魏源的"旅游年"，也是他的"诗文丰收年"。

经营票盐一举多得

因道光九年（1829年）在京应礼部试仍未得中，魏源便专心在内阁中书舍人的任上处理政事、勤勉治学。时光转眼来到道光十一年（1831年）春，正值大地回暖万物复苏之时，魏源却意外接到噩耗，去年刚迁任江苏宝山水利主簿的父亲魏邦鲁病重。魏源闻此急忙请假南归，赶赴宝山。然而天命不可违，这一年七月，魏父邦鲁病逝于宝山任上。

为官一生清廉的魏父知晓自家恐怕已无余财让他落叶归

根，在临终前他对魏源说："我没，贫不克归葬者，可留家于吴，然宝山必不可。夜起望城中，皆死气也。"

面对父亲的去世，魏源悲痛万分，几至形销骨立，有记载称"哀毁骨立，几弗胜丧"。强忍着悲痛，魏源一方面遵父亲遗命并未急着在苏州下葬，另一方面也开始学着父亲研究奇门遁甲之术，慢慢为父亲寻找合适的墓地。谁料这一找，竟是十年。直到十年之后，魏源才在张渚县的阳羡山中找到一块地，而热情的乡民听说是要埋葬以清廉亲民著称的魏父，纷纷"举其大贤山之吉地以赠以葬"，把当地的风水宝地赠予魏源。后来，魏父又改葬于江苏上元县峨眉岭之葵山（今南京市五台山，汉西门内乌龙潭东北）。

魏源在苏州守制期间回顾自己从前所作的诗文，愈发感到自己研究《诗经》的专著《诗古微》中不仅有一些不成熟的"少年未定之论"，且也有很多内容值得进一步扩充和完善。于是魏源参考了胡承珙、刘逢禄等前辈对《诗古微》的修订意见，利用这丁忧时间着手整理、增订《诗古微》旧稿。

最初魏源写作《诗古微》，是想将《春秋》大义伸展到《诗经》中去。但在写作第一版二卷本时，因为见识所限或是其他，魏源还有一些观点尚未厘清，对于《春秋》大义的主张也还缺少更强烈的认同，同时还处理三家《诗》与《毛诗》等诸多方面的问题，所以对《春秋》大义的阐扬并没有真正深入。经过反复的思量与琢磨，加之他对于两汉经师家法的考订、对

《董子春秋》的深入思考，同时又有了胡承珙来信和刘逢禄叙文的刺激和启发，魏源终于在修订的二十卷本中一一点出《春秋》微言大义的诸多要旨，并逐渐勾勒出整个《诗古微》学术思想的轮廓，而成为他治经的代表作。

这一修书过程，前后延续了八九年。当年曹雪芹"批阅十载，增删五次"令人感佩，而魏源写作亦不遑多让。也正因为他们经历了常人难以忍受的寂寞仍然义无反顾，才得以成就伟大。

道光十二年（1832年）春，三十九岁的魏源进京，准备第四次参加礼部会试。魏源这次并没有住在好友龚自珍家，而是住在湖南老乡、好友陈起诗家。陈起诗跟魏源是同年拔贡的岳麓同窗，两人年龄相仿，加之志趣相投，关系十分亲密。不过陈起诗的科考之路，较之魏源顺利许多，他道光九年便与龚自珍一起登了进士科，且官场顺遂，这时已经官授礼部主事。

因为两家彼此知根知底，魏源便做主将自己的女儿秀珍嫁与陈起诗之子陈善圻。陈善圻回忆这次魏源借住的场景，他说道："外舅（指魏源）亦高自标树，纵论古今成败，国家利病，学术本末，反复辨难，自夜达旦不少衰，四座皆屈。"可见住在陈府时魏源与陈起诗常常一起探讨家国大事、学术问题，以致通宵达旦，四座皆屈。然而，这次二月应试，魏源又未中。

正在魏源因落榜而闷闷不乐之时，好友龚自珍邀在京应试的诸位名士到京城崇文门外三官庙花之寺集会，魏源与包世臣、端木国瑚、杨懋建等十四五人受邀参加。杨懋建记录此次聚会："既而庚止，则绮疏尽拓，湘帘四垂，花之寺绰楔在焉。前后皆铁梗海棠，境地清华，颇惬幽赏"，一时之佳况，可以想见。

诗会虽是幸事，却不能完全安慰魏源。他并未在京师久待，这年仲夏便返回江南，恰逢时任两江总督的陶澍改革两淮盐法，魏源便又投身其中。

两淮盐区是当时全国最大的产盐区，盐课收入也是最多。两淮旧有盐场三十处，行销江苏、安徽、江西、湖北、湖南、河南六省，每年额征银三百三十五万五千多两。然而长期以来，盐务管理不善也出现了很多问题，如官私费用繁多、盐务支出增加、官吏贪污、商人生活奢侈腐化等，都致使食盐成本提高，价格昂贵，以致官盐销路不畅，私贩日益增多，不少盐商赔本停业，政府的盐课收入大大减少。等到了道光十年（1830年），行销数量锐减，两淮地区历年共亏课银一千一百万两。同时，食盐价格上涨也大大影响了人民的生活。淮盐问题亟待解决。

当时很多人都认为，盐务的问题就是私盐的问题，即贩运私盐的人越来越多，妨碍了官盐的销路，只要解决了私盐便能一劳永逸。因而大家众口一词都强调要大力"缉私"，即捉拿贩运私盐的人，以杜绝私盐的产生。

魏源的意见却同他们截然相反。

在魏源看来，想从根本上解决盐务中的问题，唯有改革这一条道路，只有彻底改革了旧的盐法，才能裁减不必要的开支，只有裁减开支，才能降低食盐成本，只有降低成本，才能使盐价低落，而若官盐价格低廉，私盐自然也就没了市场，私盐商贩不必缉拿自会绝迹，盐务问题便能迎刃而解。

陶澍于道光十二年（1832年）五月亲自到海州地区了解了情况以后，决定采纳魏源的建议，在淮北地区实行票盐制改革，两人具体商量拟定了票盐章程十条。章程规定由盐运司刷印三联空白票式，一为运署票根，一留分司存查，一给民贩行运。民贩纳税请票时，该大使于票内填注民贩姓名、籍贯、运盐引数和所要销售的州县，按道里远近立限到岸，听其销卖。运盐出场，由卡验收，不准越卡，也不准票与盐相离，或侵越别的口岸。违反这些规定的，以私盐论处。又规定每盐四百斤为一引，场盐价格六钱四分，抽税照一般商税酌减三分之一，即交银七钱二分，再征收一些费用（如委员薪水、缉私经费等）五钱二分，共计一引收银一两八钱八分，此外不得另有需索。

为什么淮北要改行票盐呢？

票盐的最大便利之处就在于，任何人都可以购票行盐，并无身份限制，运盐完毕，票证作废。这一举措改变了引商（即缴纳引税后取得地区专卖权的盐商）垄断盐利的弊病。其次，票盐的贩运手续十分简便，清除了盐务中的许多陈规陋习。如魏源所说："票盐，即刘晏收税之法。其要在于以民贩之易简，变纲商（或引商）之繁重"，"（票盐）只问数课之有无，不问商贾之南北"。也就是说，无论何人何地，只要购买票证，交纳盐课，就可以贩盐。这样的办法简易，盐课也较轻，贪官污吏自然也就无法像过去一样层层克扣。

票盐制实行后大受欢迎，盐票畅销，对百姓而言盐价下跌，对盐贩来说获利大大增加，对政府来说盐课也有所增加，淮北每年盐课超过定额数十万两，不但偿清了历年积欠，还代偿了淮南欠款，更有余钱用于建义仓、修学校、疏浚河道、报效海防等利国利民的好事。而且，海州的很多灾民因此行盐生意而自谋生计，解决养家糊口的难题，真可谓一举数得。这样的情景也被反映到了《票盐备览》一书中："其法简易而便民，故初行之时，获利数倍。于是远近闻风而来者若鹜趋焉。历今十载，变瘠区为沃壤，化枭匪为良民，厥功伟矣。"

魏源不仅一直战斗在盐政改革的第一线，还身先士卒，亲自上阵做起了票盐生意。在票盐初行时，因为这是从没出现过的新鲜事，商贩们的顾虑也比较多，大家只是议论纷纷，却不敢轻易尝试。无奈之下，陶澍便指派自己信得过的下属先行实行，以打消商贩们的顾虑。魏源身为陶澍的幕僚，便在这"倡导"之列。

本来票盐初行，手续简便，利润更是丰厚，"只论盐课之有无，不问商贾之南北"，摆明了是个只赚不赔的好营生，只要找人稍加打理即可。谁料最开始试行的一两年里，魏源"以不谙事之书生，又无将伯之助，且游山相地之日分身，大半未能亲手经理，以致连年负累，几于身家荡尽"，也就是他自己不懂经商，也不知道找人协助，又因为忙于为父亲寻找正式安葬的"吉地"，以至于欠账累累。无奈之下，魏源找到一个颇有经商经验的伙友与之合办，一切都交给对方打理，方才扭亏为盈，并从中获利甚多，挣的钱不仅让他偿还了债务，还让他有钱得以在道光十五年斥巨资买下扬州絜园居住。

实行票盐是利国利民的好事，也取得很大成绩，但仍有反对的人，最激烈的反对声来自少数官商以及一些靠非法收入自肥的官吏。原因无他，不过触犯了自己的私利。有盐商指使御史上奏章弹劾，浙江温州正是因为有人强烈反对，在已经收到了改革成效的情况下，仍然被迫停止实行票盐制，可悲可叹。

面对这样的情况，魏源无不感慨。他跟身边同僚说："被商人百姓歌颂拥护的票盐制却被官府嫌弃，在那些上奏章给皇上严词反对票盐制的人看来，什么利国利民都是小事，让他们失去了中饱私囊的机会就应该严惩！"面对这样的腐败政治，魏源充满了深深的无力感。

除去改革步履维艰让魏源常有壮志难酬之感，总的来说，他在江南幕府的生活还是非常精彩丰富的。他身为幕僚为陶澍佐理政务、代理翰墨，又有闲暇个人著书立说，或协助当地学政、知府阅卷、选拔人才，或与师友诗酒唱和，倒也怡然自得。

改革时弊奉献良方

闲适的日子并不会太久。毕竟，帝国此时处处皆是弊病与漏洞，天灾加人祸总是无止无休。

道光十三年（1833年），魏源四十岁。这年六月，汉江与洞庭之水又异常盛涨，导致多处溃决成灾，可谓是继道光十一年湖南与汉口百年未遇之大水灾之后，又一次罕见的水患。身为两江总督幕僚的魏源自然高度重视此事，他反复调查与研究相关文献，挥笔写就了时至今日仍极具借鉴意义的《湖广水利论》一文。

该文一开篇就提出了一个非常严峻的问题，为何历来认为："宜乎千年永无溃决"的长江两岸，如今水患频仍，原因究竟何在？

在魏源看来，导致水患的根本原因是人与水争地，各地围湖造田使得泥沙淤积，破坏了自然环境，违反了江水顺流的自然规律，湖泊也失去了调蓄的能力。这样的观点在现在的我们看来理所应当，可在当时，确实是极具前瞻性了。

那么，对此人为造成的灾害应该如何处理呢？魏源认为，"为今日计，不去水之碍而免水之溃，必不能也。"他提倡退耕还湖，对在水利建设中损人利己的表示了极度的愤慨，并呼吁："欲兴水利，先除水弊。除弊如何？曰：除其夺水夺利之人而已。"其不畏豪强恶吏、勇于兴利除弊的改革精神可见一斑。

除了关心身边百姓具体疾苦，魏源也十分热心家国大势。

虽然在两江地区，陶澍主持的系列改革使得吏治、财政方面有了些许生机，但整个王朝灾害频仍、鸦片猖獗，加之吏治腐败、财政拮据，实际上已经到了病入膏肓、无可救治的地步。

特别是鸦片的大量输入，对国家与人民危害可谓最大。自雍正朝以来，鸦片之毒害愈演愈烈，而朝廷对贩烟吸烟的政策却时禁时弛。十八世纪六十年代，每年运入中国的鸦片不过200箱；而到乾隆五十一年（1786年）就已首次突破2000箱；至乾隆五十五年猛增到4050箱；等到嘉庆年间，已是年进口约4500箱了。

清廷对于鸦片的政策不断变化。雍正、乾隆时只是禁止境内的人民"吸食"，却准许外国的鸦片以药品名义"输入"，政府按值抽税。到嘉庆帝时，眼见危害日益严重，于是正式下令禁止鸦片进口，但这"洋烟"却照样以走私的方式大量进入。道光元年至道光十四年，每年进口达一万四千余箱，道光十六年已猛增到三万余箱。

在鸦片大量输入中国之前，为了满足自己的贸易需求，英国都是用一船一船的真金白银来换取中国的丝绸、茶叶、瓷器等商品。为了打开中国市场，他们从殖民地印度运来大量廉价的鸦片输入中国，仅此一项，每年便可从中国赚取白银一千万两以上。白银大量外流，造成国内"银贵钱贱"的局面，银元与铜钱的比价至道光中期已涨至1000文以上。银钱比价的上升，更是严重破坏了社会经济秩序，使商品与货币无法正常流通，以至百业萧条，政府财政收入大跌。

鸦片的泛滥毒害了整个社会，然而朝中对鸦片的态度却有截然不同的划分，是弛禁还是严禁，两边闹得沸沸扬扬，道光帝也不知如何是好。而在这犹豫之间，国家的内忧外患却愈来愈严重。

魏源虽身居环境优雅的絜园，却无时不在关注着国家的积弊、民族的危亡和国计民生。于是他想借鉴明代三百年兴衰的历史经验，对症下药，为救治清代时弊找出"对治而益著"的良方。为此，魏源编辑了《明代食兵二政录》。但遗憾的是，《明代食兵二政录》并未得以留存于世，我们唯有借由保存下来的两篇叙文——于道光十七年"叙于江都絜园"的《明代食兵二政录叙》，来窥得魏源精神所在。

魏源认为要革除这个弊病，一要善于广用人才，二要改变官风和学风，而这两方面都应以明代为"前事之师"。要破除乾嘉以来的僵化沉闷，为"经世致用"而治史；也要别开蹊径，不必拘泥于钦定《明史》，受其束缚。总之，魏源的改革思想极为鲜明。

海运、票盐、水利、禁烟……在这一系列的政论、实践中，魏源总是以改革者的姿态出现在我们面前。毫无疑问，他极富改革精神，但中国人想来讲求"谋定而后动"，莽撞做事总是难以成功。那么魏源讲求改革又有什么理论依据呢？

魏源关于改革的论述有很多，主要有以下几个方面：

首先，魏源认为，"法久弊生"，"天下无数百年不弊之法"，一切政务都免不了会产生弊病，因而有了弊病并不可怕，只要认真进行改革，就可以化弊为利，是谓"天下无兴利之法，去其弊则利自兴矣"。

其次，他认为，利与弊可以互相转化，如果操作不当利可能转化为弊，但如果处置得宜，弊也可以转化为利。他说，"弊乎利乎，相倚伏乎？私乎官乎，如转圈乎？"所谓官、私，指的便是官盐和私盐。官盐由于价格昂贵而滞销，那么私盐必将盛行；倘若官盐价格低廉了，私盐自然也就没有了。让私贩销售官盐，便是让私盐转化为官盐，此乃弊可以转化为利。改革就是要善于将弊化为利。

当然，将弊为利需要有一定的条件，首先是"时"，其次是"势"。"时"是"时机"，"势"是"形势"。当弊病发展到一定程度，人民会感到生活不便，渴望弊病得到治理的心情也就尤为迫切，这时顺势而为，改革自然就会得到人民的拥戴；而弊病同时也会让政府感到不便，甚至会影响统治的稳定，当此之时的改革也会得到政府的大力支持，这就是改革最好时机与形势。他说，"弊不极不更，时不至不乘"，又说，"圣人举事，无一不根抵于民依，而善乘夫时势，举一事而百顺从之"。

此外，改革的办法也要简单易行，只有这样，才易于人民遵守。"弊必出于繁难，而防弊必出于简易"，他又说，"法不易简者，不足以宜民，非夷艰险而勇变通者，亦不能以易简"，这样的思路直至今天也是很值得人们学习的。

魏源同时认识到，改革弊政或许容易，但要改变人的思想确实难上加难。或许一件事情本来可以经过一定的努力就能完成，却往往因为积习已久，或许是既得利益阶层不愿失去获利之源，或许是推行改革的人有畏难、苟安心理，怕因犯错误影响个人前途等，阻碍了改革的进行，使本来并不艰难的事情变得困难重重。因此他强调，进行改革的时候，必须首先阐明改革带来的好处，分析当前的困难及有利条件，找好排除困难的办法，以便消除人们种种的思想顾虑。所以进行改革并不是一件容易的事，特别是改变某些比较顽固的保守思想尤为不易，即使改革初见成效，能否将改革继续深化也充满了变数，肯定会遇到很多阻力。他说："非海难人，而人难海，非漕难人，而人难漕，本是推之，万物可知也。不难于去百载之积患，而难于去人心之积利。反是正之，百废可举也。"

以上魏源关于改革的主张，结合了他的个人经验，也有他的理论根据。这些理论根据，有的来源于儒家经典，有的来源于诸子百家。如利弊转化思想也来源于《老子》的"祸兮福之所倚，福兮祸之所伏"；时势观点来源于《孟子》的"虽有智慧，不如乘势。虽有镃基，不如待时"；简易思想来源于《易经》与《老子》，《易经》中说："乾以易知，坤以简能。易则易知，简则易从。易知则有亲，易从则有功"，《老子》中则说："大道甚夷，而民好径。"

要简易，要设法使弊转化为利，要乘势待时等论述，这是指导魏源改革弊政的主要依据，其中法久弊生、利弊转化等思想，都是符合事物发展规律和矛盾转化观点的，我们今天仍旧可以运用其来指导生活。

第四章　戎马倥偬

西出阳关烽火连营

在我们的印象中，魏源的形象似乎一直是埋头书斋、心忧天下的书生，但实际上，他也曾经亲赴战争前线。

乾隆二十年（1755年），清军平定准噶尔，三年后又消灭阿睦尔撒纳势力，西域底定。乾隆帝把这片土地命名为"新疆"，取"故土新归"之意。这样一片五彩斑斓的土地上有着众多民族，其中以维吾尔族占比最大。各族人民在这片土地上共同耕耘，期盼国泰民安、丰收顺遂。然而，仍有极少数人，他们总想凭借外部势力搞分裂活动。道光年间，新疆烽火频传，接连发生了两次战乱，当地百姓因此遭受了深重的苦难。

第一次战乱起于嘉庆末年，当时的乱兵首领名叫张格尔。张格尔的祖父是伊斯兰教白山派首领波罗尼都，他在乾隆朝时因"叛乱罪"被杀。其孙张格尔野心勃勃，时刻期望着在南疆恢复和卓家族的统治，为此"以诵经祈福传食部落"。嘉庆二十五年（1820年）八月，有留英背景的张格尔在英国支持下侵入新疆。

如果不是当时驻守新疆的清朝官员斌静的愚蠢，张格尔的"圣战"也许已成泡影。斌静在嘉庆三十年带着二百名骑兵攻打张格尔，不仅没有抓到张格尔，反而屠杀了一处未设防营地的柯勒克孜妇孺。柯勒克孜首领发现这一暴行后，召集了两千名骑兵将清军围困在一处峪谷中，将其全部杀死。等到消息在塔里木盆地各城镇流传开来时，已经成了"张格尔的同盟者击溃一支清军"了。一时之间，响应者众。

战乱断续，直等到道光七年（1827年）二月，清军出击，而张格尔平日虐待回民，被胁迫的回民纷纷倒戈，帮助清军作战，才使得张格尔节节败退。道光八年（1828年）正月终于传出捷报，张格尔被械送北京，同年五月，张格尔被处死。

道光十年（1830年）八月，张格尔的余党博巴克等人又纠众发动了第二次战乱，清政府唯恐事态像之前一样扩大，急忙调遣陕西提督杨芳、甘肃提督胡超率兵赴新疆剿杀乱民。紧接着，清政府又派陕甘总督杨遇春为钦差大臣，办理军务，并授大学士长龄为扬威将军，统率满汉官兵一万多人，从北京出发奔赴新疆。

魏源这时正在北京等待考试，听说西北边疆发生了战乱，又得知昔日同窗杨承注的父亲杨芳已经领兵出征，于是自愿请求前往西北，为国效力。魏源的友人邹汉勋此时也在北京，听说他要从军去西北，特作诗为其送行，诗中有"忽闻祖生先著鞭，使我通宵不能瞑"句，把魏源比作晋朝祖逖那样的名将。

当魏源风尘仆仆，不远万里，行至甘肃嘉峪关时，清朝的各路大军早已先后到达新疆境内，前方的战事也已取得了很大的进展，不需要再派军队前往。没有办法，魏源只好停留在嘉峪关待命。等到这一年十二月，博巴克军被清军击败，喀什噶尔和英吉沙尔两城在被困三个月以后解围了。

魏源这次投军，本想西出阳关，为国平乱，岂料壮志未酬，刚步入嘉峪关便被迫停止前进。对此，他深以为憾，作诗说："我生第一伤心事，未作天山万里行。"

不过此行也并非全无收获。随军驻守期间魏源耳闻目睹了来自前线将士一些亲历之事，并将军营见闻、边疆感触等写成《西师》诗六首。在诗中，魏源深刻分析和记叙了边疆地区发生战事的原因，记录了军营中的艰苦生活。

《西师》六首的第一首是这样写的：

> 见说王师讨叛羌，诏书祸首罪边疆。
>
> 譬从南海骚珠翠，奚异西陲索白狼。
>
> 张奂早辞羊马馈，王郎何至羽书猖。

虫生朽木非今日，蚁溃金堤自古防。

　　西北边疆少数民族闹事，皇帝的诏书将其归罪于边疆人民。但在这首诗中，魏源认为，战争不能只怪边疆人民，边疆的官员们更应该对此负有责任。魏源在诗中表示，很多官员利用职务之便向百姓索要财物，压榨百姓，如果守边将士都能像后汉时的张奂那样，不仅不乱敛财，更是将少数民族给他馈赠的骏马、黄金统统退还，哪里还会有王郎造反之事发生？因此，冰冻三尺，非一日之寒，虫生朽木，也非一日之事。从这次博巴克事件中可以想到，今后一定要像防止水灾从查找堤上蚁穴着手一样，防微杜渐、谨慎处理才好。

　　在第三首诗中，魏源有记录说，"盘雕雪帐寒无梦，捣贼河冰夜有声"，写的是营中将士在雪帐中冻得无法入睡。寒月初上，万籁寂然，只有偷袭敌人的军队从河冰上走过时寒冰龟裂的细微声音，边地之苦寒，军营生活之艰苦，可见一斑。

　　魏源在《西师》的最后一首中，对于西北边防的重要性也有所议论。他说：

　　　　阱兽铛鱼忽突围，何堪绝徼老王师。
　　　　谁陈斧画维州议，不顾唇寒都护危。
　　　　百战三朝西顾地，九秋诸将北征时。
　　　　庙谟若有姚崇在，肯割阴山付月支。

有些人觉得边陲苦寒荒芜，大军不能长期留驻，不如放弃。魏源则认为这样的想法是忘记了唇亡齿寒的教训，康雍乾三朝清廷多次出兵经营新疆，诸将从秋天出征以来，也建立了许多汗马功劳，决不可轻易撤守。如果还有像唐朝宰相姚崇那样寸土必争的人在位，谁肯把阴山以西的地方让给大月氏？魏源的这首诗，充分表达了他对捍卫国家领土完整，不得以尺寸之地让人的急切心情。

在《西师》组诗中，处处洋溢着一个中年知识分子对祖国的深沉热爱，这样的情感，在魏源的人生中是一以贯之的。

魏源在《圣武记》中有过类似的议论。有人认为，乾隆时在新疆驻扎军队、增加兵饷，使得国家财政支出增加，但在新疆驻军是不必要的。魏源反对这种意见。他认为，那种议论并没有根据，因为边疆官兵的补贴并没有比内地的提高，且他们本身还有屯田所得的粮食收入，也算是为国创收。至于新疆物产丰富，赋税较轻，汉族与少数民族和睦相处，不见兵战之事，政治安定，经济繁荣，更是好事。国家之所以出现财政困难，更主要的原因是职官冗滥、河工弊病太多，以及八旗口粮、白银外流等，若将其归咎于新疆驻军，实在是难以令人信服。

所谓"睹一支，念全体；观一隅，廑中国"。魏源认为，看到一个肢体，要想到全身；看到一个地区，要关心全中国。他对新疆军事的本末所作的详细叙述，也是为了引起人们对全国局势的重视。这应当算是他此次西行的最大收获。

道光十一年（1831年）春，魏源在甘肃得悉父亲病重，遂请假去江苏宝山探亲。这年七月，魏邦鲁去世，魏源便在江苏定居下来。

东临浙海"掷剑"而去

魏源的第二次出征，是前往浙海地区。道光二十年（1840年），中英爆发了鸦片战争，身在书斋的魏源出于满腔的爱国之情，毅然参加了浙江沿海的抗英斗争。他目睹了外国侵略军的穷凶极恶，也看到了清朝统治者的腐败无能，空怀报国之心，却难以实现保卫疆土的壮志。魏源在浙江的时间不长，却受到了巨大的冲击，深深影响了他今后的人生。

那时的中国社会不仅有边疆战乱、内忧不堪，外患问题更为严峻。罪恶的鸦片贸易和帝国主义的战舰，正在溃决着中华民族的堤防，中国社会面临着一场重大的变革。前文我们也已经讲到，自从嘉庆末年以来，鸦片以近乎恐怖的增长速度不断输入中国，致使国内白银大量外流，人民生活日见贫困，并因此引发了许多社会问题。爱国知识分子对此有所觉察，纷纷呼吁，希望政府早日采取措施，彻底禁烟。魏源也是其中的一位。

他认为，只要鸦片还在，它的消耗就永无止境，白银的外流也不会停止，大清帝国将更为贫弱。湖广总督林则徐也奏请严禁烟毒。他说："（鸦片）流毒于天下，则为害甚巨，法当从严。若犹泄泄视之，是使数十年后，中原几无可以御敌之兵，且无可以充饷之银。"

道光帝看到各位大臣的陈情，越发感到鸦片泛滥危害之大，禁烟之事迫在眉睫，于是道光十八年（1838年）十一月，他任命林则徐为钦差大臣，前往广东查办鸦片。

林则徐（1785—1850），字元抚，又字少穆、石麟，福建侯官人，嘉庆十六年（1811年）进士，历任翰林院编修、御史、浙江盐运使、江苏布政使、江苏巡抚和湖广总督等职，两次受命钦差大臣，官至一品。他才识过人，政绩卓著，是清朝政治家、思想家，因其主张严禁鸦片、抵抗西方列强的侵略，在中国有"民族英雄"之誉，受到许多爱国知识分子的拥戴。

魏源与林则徐是好友，他听闻林则徐被派往广东后非常开心，勉励他要坚持禁烟。魏源的好友龚自珍还写了一篇《送钦差大臣侯官林公叙》，鼓励林则徐要禁绝鸦片，不要为广东官吏、幕客、商贾等人中的"黯猾游说"所蛊惑，而是不忘使命，做到"银价平，物力实，人心定"。

林则徐到了广东后确实不负众望，力行禁烟，他同时得到了两广总督邓廷桢和武将水师提督关天培等人的支持，他们愿"合力同心除中国大患之源"，强迫英国领事义律交出鸦片，驱

《林则徐看剑引杯图》（局部）清·法坤厚绘，故宫博物院藏

逐经营鸦片贸易的外国商人，查拿吸烟贩烟的中国人犯，取得了极大的成果，深得广东人民的拥护。特别是在道光十九年四月二十二日（1839年6月3日），林则徐将收缴到的237万余斤鸦片在虎门海滩当众焚毁，向全世界宣告了中华民族决不屈服于侵略的决心。

但这一事件，也成为了鸦片战争的导火索。

道光十九年（1839年）九月，英国开始向中国派遣军队，妄想用武力阻挠中国的禁烟运动。他们在广东的进攻受到了林则徐的抵抗，在福建的袭击又遭遇了闽浙总督邓廷桢的反击。

伴随沿海人民展开的英勇的反侵略活动，英军迟迟不能取胜，于是就沿海北上，于道光二十年（1840年）六月，进攻浙江。

这年六月初六，英军直入浙江舟山北港。定海军民不明来意，还以为他们是"来售货物"或"风吹误至"，中国水师因而毫无准备。见英舰未开炮，总兵张朝发派人登船，诘其来意，方知他们是来侵占领土的，于是双方交战。等到初八日四更时，英军由定海县城东门登梯而入，清军"不战不守，纷纷溃散，各顾身家"，定海沦陷。英军随后又派出舰只封锁宁波港口，并将北犯大沽。直到这时候清政府才意识到问题的严重性，慌忙任命两江总督伊里布为钦差大臣赴浙江查办事件，总督、盐政关防交裕谦兼署。而且，这年九月，道光帝慑于英军的要挟，派琦善到广州议和，将林则徐、邓廷桢革职查办。

当伊里布调赴浙江时，魏源因着友人推荐前往伊里布营中工作。他曾亲自询问英国俘虏安突德（Anstruther），根据他的口供，又参考了一些其他资料，编成《英吉利小记》一文，后来收入《海国图志》书中。这篇《英吉利小记》虽然只有短短两千三百多字，却记述了英国的地理概况，本国和所占领的殖民地情况，以及国内的政治、经济、军事、宗教、风俗，是当时一向闭关锁国的清政府拥有的极为难得的一份资料，借此我们也能看出魏源细致认真的工作作风和他对战争中掌握敌情重要性的深刻认识。

当裕谦调派到浙江时，魏源又到裕谦营中做幕僚。这时英军已侵入浙海。在防务的研究中，首先遇到的是定海的防守问题。

当时有很多人都主张要坚决守住定海。而魏源则持有相反的意见。他认为，定海孤悬海中，前次已遭受英军的破坏，这次来犯，没有必要固守，不如把兵力集中到浙江海岸上的城市，加强镇海、宁波等地的防务。只可惜他的这一意见未被采纳。等到坚守已定，又讨论修城问题时，魏源又展现出了他卓尔不群的眼光，他否定了三面借山为城，只修一面城墙的决定，认为若依山为城，敌人从山上翻越过来，则必定无法抵挡；如果山上设防，用于防守的兵士就要增加，兵力必然分散；且山势险峻，兵士上下奔波，必将过度劳乏，不利于战守。应当环绕现有的内城，修建新的外城，这样既能"城足卫兵"，又能"兵足守城"。然而这样的意见又一次被当权者忽视。

道光二十一年（1841年）八月，英军进攻定海，果然如魏源所料，由于山高路险，清军兵力分散，而且上下应战，疲于奔命，总兵郑国鸿、葛云飞、王锡朋血战六昼夜后，力竭战死。定海再次失陷。清军退守镇海。

在这样的关键时刻，提督余步云却毫无战意。他所据守的招宝山，是外国船只入浙的必经之地，屹然耸峙，极为要害。但余步云早已挂起白旗，英军一到，率先逃走。总兵谢朝恩战死，裕谦在镇海失守时，投水而死。英军直下宁波。余步云被逮入京处死。

九月，道光帝任命皇侄奕经为扬威将军率军前往浙江。当奕经等到达苏州后，留恋吴侬软语、车水马龙，借口筹备军务，驻军不进，拖延战事两个月，后来进驻绍兴，也是日日饮酒大乐，临阵只会到关帝庙求签。结果清军在定海、镇海及宁波府一溃千里。至此道光帝可谓心灰意冷，决意不再调遣新兵，准备投降。

魏源亲历了战争的全过程。从起初满怀报国激情，恨不能亲自上场杀敌、为国御辱，到后来大失所望、目睹内部腐朽黑暗，他的心情可谓是极为沉重。是继续留下见证这注定的失败，还是快些回家对战事进行反思总结？魏源内心开始犹豫。

他又仔细分析了当前的局势，深感浙海地区的防务大有问题，前途注定是悲观：

其一，道光帝曾坚决主战，现在已经趋向妥协。坚持抗战的官员如林则徐、邓廷桢等遭到贬斥，主张妥协投降的大学士穆彰阿等在朝中更为得势。

其二，浙江军营中缺少得力的人才，坚决抵抗的三镇王锡朋、郑国鸿和葛云飞等，缺乏远略，且相继战死。领导浙江防务的裕谦，虽是旗人中少有的抵抗派，但"任事刚锐，而不娴武备"，又只据图指挥，不曾渡海勘察。提督余步云早已心怀二志，临阵逃走。至于奕经等更是一群贪污腐化的贵族，只知吃喝玩乐，贪赃纳贿，毫无战斗能力。在这些人的领导下，战争的前途不问便可知。

这样想来，魏源更是对前途感到悲观失望，曾经的雄心壮志到头来只剩下"无可奈何花落去"的叹息，他只好辞去营中的职务，回到了扬州家中。

即便在回家的路上，前方的战事还反复煎熬着魏源的内心。回想这段从军经历，他在船上写了四首五言律诗，其中一首说：

> 到此便筹归，应知与愿违。
>
> 狼烟横岛峤，鬼火接旌旗。
>
> 猬虏云翻覆，骄兵气指挥。
>
> 战和谁定算，回首钓鱼矶。

魏源的友人姚燮后来写诗记录这一段，其中有两句是这样写的："早知狼藉不可整，纷纷肉辈难为徒。掷其腰剑向沟渎，飘缨振策还长途。"他深知魏源的见识深远，一身正气又不肯屈身流俗，他眼见战争没有希望，不愿与这些人继续为伍，只有"掷剑"而去。

道光二十一年（1841年）五月，被贬谪的林则徐又奉到遣戍新疆的命令，他七月到达苏州，又在京口（镇江）与魏源见面。两人相见后彼此都是心事重重，他们都对此次战争朝廷指挥失误、投降派阻挠抗敌斗争，对于国家隐患、百姓疾苦，有着满腹的忧愤，一时间却又不知如何谈起。这时，林则徐取出了他在广东为了解敌情而翻译的《四洲志》资料，并将其交给魏源，希望他能编纂出一部书，真正使中国人民对世界的形势和各国的情况有所了解。魏源接受了他的嘱托，回到扬州后便开始了《海国图志》的编写工作。

第五章　战后反思

前事不忘弘扬圣武

鸦片战争中，魏源亲赴浙海一线，想凭借着自己对兵法的熟悉以及之前参与新疆战事的经验，在反侵略战争中保家卫国。但事与愿违，面对腐败统治，他个人的抱负并没能实现。鸦片战争进行到最后，中国不可避免地失败，被迫签订了丧权辱国的《南京条约》，中国从此沦为半殖民地半封建社会。

战局引起朝野哗然，无数充满良知的爱国知识分子对这样的后果充满愤慨。面对严酷的现实，他们分析局势，企图找寻救国的良方。魏源回家后，各种的问题萦绕于他的脑海，为何我泱泱中华、天朝上国却任凭一蕞尔小国欺凌？战争究竟为何失败？又该如何实现国家的富强？他查阅了大量的书籍，切实了解了实际情况，将自己对战争的反思、富国强兵的理念写进两部书里。

在道光六年（1826年）魏源编写的《皇朝经世文编》中，曾经有《防苗篇》《城守篇》《乙丙湖贵征苗记》等好几篇文章都是魏源亲自撰写的军事论文，已经可以看出他对军事的理解，以及对当时社会情况的分析。其实魏源一直没有间断对于军事的关注，道光九年（1829年），他捐资担任内阁中书舍人，"得借观史馆秘阁官书及士大夫私家著述、故老传说"，借着这样的便利，魏源有心积累资料，并逐渐萌发了写一部本朝战史来弘扬清初圣祖之武功的念头。

等到鸦片战起，魏源亲见朝堂众人不谙敌情，虽身居高位却目光短浅、尸位素餐，而主战的林则徐遭贬斥、王鼎尸谏而亡，战争失败避无可避，他决定以手中的毛笔为最锋利的武器，披荆斩棘，为战胜敌国、救亡图存开辟一条崭新的道路。

正是在这样忧愤交加的情绪之下，魏源于道光二十二年（1842年）七月完成了他那部探索清代盛衰并为抵抗侵略提供鉴戒的发愤之作——《圣武记》。

《圣武记》成书于《南京条约》签订之日，魏源亦想着借由这个不能忘记的时刻，表明这本书与鸦片战争的关系。

魏源在《圣武记叙》中表达了自己对于战争失败的观点——外国侵略者的船坚炮利固然是重要因素，但清朝的社会弊病与朝廷昏庸腐败才是真正的根源。同时他认为，清朝地大物博却国力贫弱、财政枯竭，主要原因是官吏腐败，经济政策

道光精刻本《圣武记》书影

不合时宜。因而要使中国不再受外国欺辱、真正实现富强，首先须得发掘人才、振奋人心、改革弊政。只有如此才能达到所谓的"人材进则军政修，人心肃则国威遒。一喜四海春，一怒四海秋。五官强，五兵昌，禁止令行，四夷来王，是之谓战胜于庙堂"。

从魏源的论述中我们可以看出，他认为国家能否知耻发愤、革新图强的决定性因素在于一国的贤臣与君王。正是出于此种观点，魏源在《圣武记》中记录了清朝开国、平定三藩叛乱和康乾年间为巩固统一而进行的战争，充分肯定康雍乾三朝"战胜于庙堂"的诸多功业，同时也记载了苗民、白莲教、天理教等起义的发生与镇压。并在一系列的记述中，于细微之间把握了清代的盛衰大势，突出了乾隆末年这盛转衰的历史转折点，分析了当世所面临的与许多王朝将灭亡时"川壅必溃"的类似局面。

《圣武记》共计十四卷，前十卷叙述清朝历代武功，将清代大事总结为34个事件，按事立篇；后四卷为《武事馀记》，分兵制兵饷、掌故考证、事功杂述和议武五篇。议武五篇中含《城守篇》《水守篇》《防苗篇》《军政篇》和《军储篇》，其《城守篇》《防苗篇》较之以前收入《皇朝经世文编》时有所修订。这说明时势已迫使魏源把改革弊政的视线，从票盐、漕运、水利等内政，扩展到国防、军事乃至外交等方面。

魏源在《圣武记》中所体现出的思想与之前有了很大的变化。

在鸦片战争以前，魏源的经济思想可以说是以"除弊"为主，即强调革除政府内部的弊病来解救清政府的财政困难。而等到鸦片战争以后，魏源的立足点就转到以"兴利"去抵抗外国侵略了。他在《军储篇》中痛心疾首地说："鸦片耗中国之精华，岁千亿计。此漏不塞，虽万物为金，阴阳为炭，不能供尾闾之壑。"

针对鸦片战争后的社会现实，魏源提出两个兴利解困的主张：一是允许民间开采银矿，以"浚银之源"；二是针对鸦片大量输入而造成的贸易入超，魏源提出"仿铸西洋之银钱"以"利民用""抑番饼"的改革币制的主张。这些在当时都是极有预见性的。

除了具体的经济主张，魏源针对鸦片战争时期腐败现实提出了许多的建议，同时他在总结鸦片战争失败教训的过程中，表现出了极为强烈的反侵略意识与忠贞不移的爱国思想，如卷二《康熙戡定三藩记》中赞扬康熙帝的镇定指挥，实际上就是借古讽今，针对的是道光帝处理禁烟问题时的举棋不定，面对侵略者时忽战忽降。他说："恭读《平定三逆方略》，而知其战胜于庙堂者数端……自古及今，或以殷忧启圣，或以道谋溃成，庙算不定，而大难克削者，未之前闻。"他在列举康熙"战胜于庙堂者数端"之后所批评的"庙算不定"，实际上就是对道光帝的谴责。《圣武记》前十卷后半部写嘉、道时期清朝统治的衰落，实际上也是在揭示鸦片战争时期腐败局面的根源，说明腐败无能的朝廷和军队是无法战胜侵略者的。

除了巨大的勇气以及难得的理性分析，魏源更让人敬佩的是他深远的见识，即虽然身负国仇家恨，却仍能以理性的眼光审视外在世界，并大胆提出"以彼长技，御彼长技，此自古以夷攻夷之上策"和"洞悉夷情"以及"师夷长技"的主张。他在《圣武记》卷八《嘉庆东南靖海记》叙史后的议论中说："不师外洋之长技，使兵威远见轻岛夷，近见轻属国，不可也。"这些已是他随后在《海国图志》中提出并阐述"师夷长技以制夷"划时代御敌命题的前奏。

正是基于以上原因，我们完全可以说《圣武记》不仅是一部探究本朝盛衰之由、兴替之渐的当代史名著，更是讲求拨乱之道和匡时之策的政论宏篇。尤其是魏源对练兵之方、整军之策、筹饷之法、应敌之略等内容的详细论说和独到见解，对指导当时的反抗侵略战争具有较强的实用性。也正因如此，等到此书一交付印刷，便出现了"索观者众，随作随刊"的盛况。

当时的志士文人对于《圣武记》的出版，或赋诗称颂，或作文评说，或著书立说中征引。晚清重臣曾国藩曾多次阅读《圣武记》，吸收其中的有益思想。魏源好友孔宪彝在《怀人三十二首》中有一首赠他，"早岁观凤池①，频年卧江浒。读书期有用，削札记圣武。晚达遇仍穷，著述良堪补。"又一好友陈岱霖曾写过，"惊人每忆纵谈初，拄腹撑肠万卷书。直与乾坤开奥窔，君近著《圣武记》，一时纸贵。岂徒笺注到虫鱼！"

魏源的另一挚友林昌彝是位抗英志士，他家中有栋楼上写了一副对联："楼对乌石山寺，寺为饥鹰所穴，思欲射之，因绘《射鹰驱狼图》以见志，'鹰'谓英吉利也"。他编写了《射鹰楼诗话》，搜录了大量有关鸦片战争之诗及本事，极为鲜明地体现了当时诗的时代精神，可视为鸦片战争时期诗界共识的纲领。其卷二云："默深经术湛深，读书渊博，精于国朝掌故。海

---

① 凤池：原指皇宫禁苑中的池沼，后代指朝廷。

内利病，了如指掌。《圣武记》及《海国图志》尤为有用之书，诚经国之大业，不朽之盛事也。"

短短数年，这股潮流便已风行海内，《圣武记》不仅在国内引起轰动，甚至流传到了日本和韩国地区。

日本人鹜津毅堂曾经为了寻求"防英夷之术"遍读我国战国以降至明清兵家之书不止百数部，却总觉得"求其可取以用于今日者"实在困难，绝大多数的兵书已经不能满足现实社会发展的需要。然而就在这时，他无意间在一个权贵人家看到了《圣武记》，如获至宝。

他认为《圣武记》的实用性"或倍乎《孙》《吴》"，于是决定要将《圣武记》抄录成《圣武记采要》一书，以供日本人阅读、学习。而日本著名的"开国论"者佐久间象山在读到魏源的《圣武记》后，也是大为惊异，忍不住赞叹魏源是他的"海外同志"。

自《圣武记》问世以来，一直以其强烈的现实感，深受欢迎。学者始借此书知晓清朝开国以来数十件大事的始末，军政界要人则多借此书探究练兵、整军、应敌的方略，因此自出版以来已经翻印了不知多少次，今存海内外各种版本竟有二十多种。尤其是在戊戌变法和辛亥革命这两个中国社会大变革时期，《圣武记》翻印重版竟有成都志古堂刊本、上海书局石印本、湖南书局刊本等11种，甚至还出现了插图34幅的绘图袖珍本，显然人们将《圣武记》作为一种唤醒民众的普及读本在印行。

当然，不能忽略的是，魏源在编撰《圣武记》的过程中，由于受当时历史条件的限制，只参考了经书、正史、实录、方略、地方志和一些私人著作，取材虽富，但毕竟对其中有些资料来不及进行认真的综合分析和鉴别，以致出现了一些讹误。如白莲教起义史实，在《圣武记》中占有较大的篇幅，却搞错了一些主要史实，实在遗憾。

尽管如此，但瑕不掩瑜，《圣武记》作为清史研究杰作的光辉并不能因此掩盖。它不仅打开了当时被视为禁区的清史研究的大门，更为当时的研究开拓了一条广阔的途径，可谓筚路蓝缕，以启山林。

正如梁启超在《中国近三百年学术史》中说："史学以记述现代为最重，故清人关于清史方面之著作，为吾侪所最乐闻……最著者有魏默深源之《圣武记》、王壬秋闿运之《湘军志》等。默深观察力颇锐敏，组织力颇精能，其书记载虽间有失实处，固不失为一杰作。"

海国图志师夷制夷

《圣武记》完成后不久，魏源便投入到了《海国图志》的编纂之中。

其实魏源编写《海国图志》的想法同样由来已久。早在道光二十一年（1841年）六月，魏源在京口与林则徐会面时，林则徐便已经嘱托他编写这样一部书籍。在那之后，魏源不断搜集资料、积累素材，在第一次鸦片战争即将结束时正式动笔，前后历时五个月，于道光二十二年十二月完成《海国图志》五十卷并撰叙，随即排出木活字本。

"海国"意为"海外之国"，《海国图志》是当时介绍世界地理历史知识最为详实的综合性图书。它以林则徐主持编译的不足九万字的《四洲志》为基础，同时将当时可以搜集到的诸多关于海外的文献书刊资料以及魏源自撰的多篇论文进行扩编，形成了一部皇皇巨著。

那么，魏源为何要花费大心力编撰此书呢？

魏源在《海国图志》的叙文中就已经说得很明白："道光二十有二载，岁在壬寅嘉平月，内阁中书邵阳魏源叙于扬州，时夷艘出江甫逾屯月也。"也就是说，魏源写这本《海国图志》是为了铭记鸦片战争蒙受的耻辱，为国家图富强。

他在《海国图志》自叙中明确提出：**"是书何以作？曰：为以夷攻夷而作，为以夷款夷而作，为师夷长技以制夷而作。"**

这句话可谓尽人皆知，时至今日仍旧振聋发聩。这是魏源写作《海国图志》的目的，也是他一生苦读治学的最终追求。《海国图志》完全是为了"制夷"而作，为了让当时的人们了解"夷情"，帮助人们习其"长技"，以抵御外侮，振奋国威。

魏源在书中指出："有用之物，即奇技而非淫巧。"对付外国侵略者，不能"舍其长，甘其害"，而必须"塞其害，师其长"，只有"善师四夷者，能制四夷"。《海国图志》这本书无疑给了那些妄自尊大，把西方先进的科学技术视为"奇技淫巧"的盲目排外的顽固派，猛烈一击。

《海国图志》这样一本时代巨著的内容可谓丰富非常。它详细叙述了世界各国的气候、物产、交通贸易、民情风俗、文化教育、中外关系、宗教、历法、科学技术等内容，同时附有地图。该书包含了越南、暹罗（今泰国）、缅甸、吕宋（今属菲律宾）、爪哇（今属印尼）、五印度、荷兰、佛（法）兰西、意大里（利）、瑞士、瑞丁（典）、那（挪）威、希腊、英吉利、俄罗斯、普鲁社（士）、弥（美）利坚、智利等国，每个国家都有专篇介绍它们的政治、经济、历史和地理等情况。所记均已超过前书，因而有人誉《海国图志》为国人谈世界史地之"开山"之作。

据统计，《海国图志》五十卷本全书约57万字，较林则徐主持编译的近九万字的《四洲志》增加了五倍多。魏源将《四洲志》全部辑入有关各卷作为《海国图志》各章节的提纲，并分别注明"欧罗巴人原撰，侯官林则徐译，邵阳魏源重辑"。而增加的资料，魏源在叙中将其分为三类：一是历代史志和类书；二是元、明以来华人岛志和海外闻见录材料；三是外国著作及近日夷图、夷语。

此外，《海国图志》五十卷本还辑录了当时人的一些著作，比如卷三十五收录的总兵达洪阿、兵备道姚莹《台湾进呈英夷

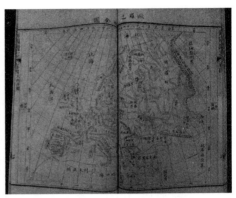

《海国图志》书影　　　　　　《海国图志》中的欧罗巴全图

图说疏》、张汝霖《澳门形势篇》、萧令裕《粤东市舶五论》、林则徐《粤东章奏条约》、丁拱辰《铸造洋炮图说》等。

其实，除了《四洲志》和上述三类增引书及时人部分著作外，《海国图志》五十卷本中还有一项十分重要的内容，即魏源亲笔所撰的居于全书之首的《筹海篇》和书中所录《圣武记》有关章节以及他大量的专题考证文章。

《筹海篇》分为四节，"议守"上下二节，"议战""议款"各一节，系《海国图志》全书之纲，充满着近代爱国主义的激情与时代精神，是魏源经历鸦片战争之后为国人反侵略战争所作的战略反思。

"议守"开篇即称："自夷变以来，帷幄所擘画，疆场所经营，非战即款，非款即战，未有专主守者，未有善言守者。不能守，何以战？不能守，何以款？以守为战，而后外夷服我调度，是谓以夷攻夷；以守为款，而后外夷范我驰驱，是谓以夷款夷。"这表明，魏源认为筹划海防的关键在于"自守"，只有使防守坚不可摧，而后才谈得上"以夷攻夷，以夷款夷"，才可谋求与世界各国建立平等互利的关系。他进而提出："自守之策二：一曰守外洋不如守海口，守海口不如守内河；一曰调客兵不如练土兵，调水师不如练水勇。"前者在利用反侵略的有利条件，采取"扬长避短"的战略英虽船坚炮利，我若能扬长避短以自守，利用地利、民气，防守得宜，也是完全能够打败英国侵略者的；后者则表明，调客兵只会令官员疲累、百姓不堪其扰，不如直接操练土著。这些针对清统治者在鸦片战争中调度失误、不重防守而造成失败的痛定思痛之言，正体现了魏源积极防御的反侵略战略思想和调动一切积极因素的正确主张。

其《筹海篇三》"议战"中还曾提出："攻夷之策二：曰调夷之仇国以攻夷，师夷之长技以制夷。"

这是极为重要的观点。魏源认为，美、法、俄与英国有矛盾，越南、泰国、缅甸、尼泊尔等地都与我国毗邻，对英国侵占印度、进攻中国也都存戒心。他说："其互市广东，则英夷最桀骜，而佛、弥（法、美）二国最恂顺。自罢市以后，英夷以兵艘防遏诸国，不许互市，各国皆怨之，言英夷若久不退兵，亦必各回国调兵艘与之讲理……倘英夷不从，亦可借词与之交兵。"史学家范文澜认为，魏源这种外交战略与林则徐"以夷治夷"的主张是一致的，且绝非不切实际的空想。美、法两国都想夺取英国对华贸易的利益，葡萄牙也怕英国夺取澳门，愿供给船炮及新式技术，并通报新消息，这都是事实……廓尔喀（尼泊尔）想联合中国共同反抗英国侵略，也是不争的事实。然而，腐朽的清政府却不能利用这些有利条件抵御外敌，反而以"敌情叵测，难保其非阴助英人，代探我虚实"为借口，拒绝利用美、法等国与英国的矛盾，白白断送了中国众多可以利用的有利条件，只是一味盲目排外、浪战浪款，从而遭致军事、外交的不断失败。魏源"调夷之仇国以攻夷"的筹海主张虽然具有借鉴意义，却并没能产生实际效果。这不能不说是一种遗憾。

魏源还在"议战"篇中明确表示："未款之前，则宜以夷攻夷；既款之后，则宜师夷长技以制夷。夷之长技三：一战舰，二火器，三养兵练兵之法。"中国传统文化历来注重道德教化而忽视物质文明，往往把精巧的工艺技术视为败坏人心风俗的"奇技淫巧"。魏源则敢于冒天下之大不韪，公开倡言："有用之物，即奇技而非淫巧。"认识到："今西洋器械，借风力、水力、火力，夺造化，通神明，无非竭耳目心思之力，以前民用。"我国只要"因其所长而用之，即因其所长而制之"，便能实现"风气日开，智慧日出，方见东海之民犹西海之民"的开化状态。鸦片战败之后，魏源并没有被满腔愤恨以及深重的民族主义左右，而是还能如此明智地一反根深蒂固的华夷传统观念，第一次勇敢地提出"师夷"的主张，这该需要怎样的勇气与远见！

而且，魏源所说的"师夷长技"并不限于军械，而是要军工、民用皆能"师其所长"，"凡有益民用者，皆可于此造之"，这无异于已在轻轻叩击着中国工业现代化的门扉，是中国对外开放进步思想的前驱先路。

　　此外，魏源在《筹海篇四》"议款"中，也就与英国侵略者之间的和平谈判、外交斗争等问题，提出了自己许多精辟的见解，开创了中国近代外交思想的先声。他主张在禁贩鸦片的同时，仍应按通商惯例与各国通商互市，"听互市各国以款夷，持鸦片初约以通市"，既增加茶叶湖丝的出口，也适当进口外国的棉、米、呢、羽，"酌增其税，以补鸦片旧额"，这样既可以既免烟毒病民，又能避免我国白银外流。只可惜清政府不悉夷情，不明白"不战屈夷"的时机，一而再地"不款于可款之时，而皆款于必不可款之时"，错过了一次又一次的有利时机，造成了中国的被动和失败，教训是非常沉痛的。

　　魏源反对清政府与英国签订丧权辱国的和议，主张坚持"威足慑之，利足怀之，公则服之"的议款原则；强调"议款"的同时，必须注重"筹夷"的根本问题在"自守"，应当在自强自立，振奋人心，严格武备。

　　除了战事，魏源在政治制度方面，也提出了一些独到的见解。他认为，美国的兴起，除了人民同仇敌忾，团结抗敌，以及勤奋建国以外，还决定于美国的政治体制。他们并没有君主，也没有世袭制，只有一个由选举产生的"大酋"（大总统）。魏源将美国政体的优点总结为"一公二周"。所谓"公"，就是"天下为公"，不把国家看作是一姓的私物，它属于全部人民。所谓"周"，则是相对于"比"而言的。《论语》中曾有云，"君子周而不比"，即统治者不应以少数人的利益为重，而应以国家的利益为重。魏源甚至认为，如果清朝也实行美国那样的政治制度，君主专制与贪污腐败的弊病自然就得以清除。显然，就当时情况而言，这不过是知识分子难以实现的空想，但这也说明了魏源民主思想的萌芽。

魏源在《海国图志》中，不仅在政治上向往资产阶级议会制，在经济上也介绍了外国开办工厂和矿厂的情况。他认为，必须发展工业，制造枪炮、军舰，才能有实力抗御外国侵略。制造军舰以外，还可以制造各种商船、邮船等，火器厂也可以制造龙尾车、风锯、火轮机、火轮车之类的民用器物，凡有益于民者都可以制造，这样才能使国家实力得到发展，百姓的日子更加顺遂。

总之，在《筹海篇》中，魏源以其先锋的姿态，站在了时代的最前列，将他满腔的爱国热情与广博的见识相融合，针对中国如何有效地反对侵略与富国强兵这一议题提出了自己积极可行的见解。"议守"中依靠人民群众力量，积极防守以反抗英国入侵的策略；"议战"中"师夷长技以制夷"的进步主张，"议款"中禁绝鸦片、通商互市、平等互利和掌握时机、"以夷款夷"的近代外交思想等，不仅对当时中国抗英御侮有着强烈的现实意义，就是对整个近代中国的国防、军事、外交思想都具有极其深远的意义。

魏源的友人陈澧对此曾深有感慨，他说："魏君可谓有志之士矣！能毅然以振国威、安边境为己任，何其编录之周详、议论之激切如此哉！澧谓其书罗列荒远之国、指掌形势，可谓奇书。其所论则以调客兵不如练土兵，及裁兵并粮、水师将弁用舵工炮手出身诸条为最善，切实可行，真有用之言也。"确实如他所言，《海国图志》是鸦片战争后中国人自编的最为详备的一部世界史地参考书，对当时的国人来说，是一部教人"睁眼看世界"的划时代奇书。

然而，《海国图志》这样一部奇书的出版，并没有引起清朝统治者的注意；即使在魏源去世后的咸丰八年（1858年），兵部左侍郎王茂荫奏请将《海国图志》五十卷本重印，仍未引起昏庸的统治者的重视。

与此相反，魏源的《圣武记》和《海国图志》刻印后不久，大约于道光二十四年（1844年）便传入日本，引起了佐久间象山、吉田松阴、桥本左内等有识之士的争相阅读，并翻译、翻刻，从而对日本的开启民智、防御外侵和推动明治维新运动起到了很大的启蒙作用。

日本盐谷世弘在《翻刊〈海国图志〉叙》中说："从前汉人

以华自居，视外番不啻犬豕。其于地理政治，懵然如瞽蒙之摸器，虽间有《异域图志》《西域闻见录》《八纮史》《八荒史》之类，大率荒唐无稽之谈，鲜足征者焉。此编原欧人之撰，采实传信，而精华乃在筹海、筹夷、战舰、火攻诸篇。夫地理既详，夷情既悉，器备既足，可以守则守焉，可以战则战焉，可以款则款焉，左之，右之，惟其所贤。名为地理，实武备大典，岂琐琐柳书之比哉！"

当然，《海国图志》及其"师夷""制夷"的思想在中国的影响也是非常深远的，不单影响了近代中国整整一个时代，而且可延伸到今天，是它开了现代改革开放思想的先河。所以梁启超说："其论实支配百年来之人心，直至今日，犹未脱离净尽，则其历史上关系，不得谓细也。"

由于历史和个人的局限性，加之编撰时间的紧迫，五十卷本《海国图志》在内容上毕竟还有一些不完善、欠准确甚至错误的地方。这不仅引起了许多爱国志士追随魏源的步履，或进一步编撰国人了解世界的参考书，如徐继畬编撰《瀛寰志略》；或撰文指出其存在的问题并提出修改、补充的意见，如陈澧《书〈海国图志〉后呈张南山先生》、冯桂芬《跋〈海国图志〉》等。而且，魏源自己也逐步积累资料，对《海国图志》进行了两次大的修订和补充，即于道光二十七年（1847年）增补为六十卷本，于咸丰二年（1852年）增补为百卷本。

泣挽定庵传抄信史

道光二十一年（1841年）七月下旬，魏源的挚交好友龚自珍曾经自丹阳县署去到扬州絜园，与魏源一叙。

其实在这之前，龚自珍也曾多次前往絜园。据魏源的侄儿魏彦回忆："先生自都中归，必过园留信宿。"足见其名士风流和龚魏两家的交谊之深。龚自珍每每见到魏彦，总要说一些古今人物的故事来勉励他。有一次，龚自珍问魏彦近来读的什么书，魏彦回答说是《诗经》，龚自珍闻此便取出一把"素扇"，在扇子上题了一首七言绝句诗送给他。诗云："女儿公主各丰华，想见皇都选婿家；三代以来春数点，二南卷里有桃花。"他细细为魏彦解说了诗句的意思，且诗本身的语言便十分浅近，便于八岁的魏彦记忆。

龚自珍这次到絜园，住的时间相对较长。他不仅与魏源讨论时政、研习佛经，还与魏源一道细细观赏了絜园所藏书画，并在众多书画上作跋。如《跋傅征君书册》云："傅青主逸事甚多。有内阁老茶房，山西人，予癸未夏，夜值内阁，此茶房为予煮粥，说傅青主至今不曾死也……越十九岁，记于扬州絜园。"又云："石韫玉而山辉，水怀珠而川媚，养生之诀也。既因方而为珪，亦遇圆而成璧，处世之方也。忽见青主字，忽思此数言。羽琌山民赘字于絜园。"他听闻魏源开始撰著《圣武记》，便书赠楹帖来鼓励魏源。他写道："读万卷书，行万里路；综一代典，成一家言。"两人的真挚感情，由此可见一斑。

然而，天有不测风云。令所有人都没想到的是，七月初五日刚刚庆祝了自己五十岁大寿的龚自珍，自扬州返回丹阳后没过几日，竟于八月十二日暴疾捐馆于县衙，再也无法与挚友诗文唱和，更是再不可能读到友人已完成的《圣武记》了。

挚友暴卒的噩耗很快传至扬州，魏源闻此大恸。他迅速地赶到了丹阳，与江苏巡抚梁章钜、淮扬海道吴葆晋等龚自珍生前好友共同商议丧事。

在这期间，魏源回忆自珍生前往事，一时间百感交集。他为龚自珍写挽联一首道："天下谓奇人，骂座每闻惊世论；文坛摧异帜，剪窗犹忆切磋时。"龚自珍的其他生前好友，赋诗联纪念者不计其数。其中，杨象济有一首挽曰："斯才不令修青史，乾隆以还无与伦。衣香禅榻等闲死，应为皇清惜此人！"

平生才高气傲、以狂著名的龚自珍，在那个"万马齐喑究可哀"的时代，既难以成为"名臣"，又不甘自限于"名儒"，加之他"侧身天地本孤绝，矧乃气悍心肝淳"的处世态度与书生意气的个性特征，注定了龚自珍一生只能成为一位名士气十足的诗人和思想家，再难在政治上有所建树。

龚自珍留下了诸多笔锋犀利、墨光四射的政治论文，他曾言人所不敢言，既深刻揭露了清王朝的痼疾，又为清王朝开出了一系列的"医国良方"，并提出"一祖之法无不敝，千夫之议无不靡，与其赠来者以劲改革，孰若自改革"的政治主张。他的诗也如同他的政论一样，振聋发聩，"剑气箫心"。所谓"剑气"指的是思想家的凌厉锋芒，"箫心"则是名士才人的凄情潜转。前者形狂，后者见痴。

对于挚友遗留的诗文，魏源非常重视。他遵照二人生前"孰后死，孰为定集"的约定，于第二年夏天，协助其子龚橙认真进行论定、校正和编辑，并撰写了《定庵文录叙》。其叙曰："道光二十有一载，礼部仪制司主事仁和龚君卒于丹阳。越明年夏，其孤橙抱其遗书来扬州，就正于其执友邵阳魏源。源既论定其中程者，校正其章句违合者，凡得文若干篇，为十有二卷，题曰《定庵文录》；又辑其考证、杂著、诗词十有二卷，题曰《定庵外录》，皆可杀青付缮写。"

在文中，魏源概述了龚自珍在治学与诗文方面的成就以及学术源流，除此之外，他特别强调了龚自珍身上难得的叛逆精神。他说："其道常主于逆，小者逆谣俗，逆风土，大者逆运会，所逆愈甚，则所复愈大。"这样精到的评论，必定是充分了解其诗文为人的好友才能给出。

好友的离世让魏源愈发感到生命的无常，加之长时间离家在外的幕宾生涯，使魏源与家人失去了很多合家团聚的欢乐，他更加珍惜家庭生活的温馨。自定海前线归来之后，虽然魏源整日忙于《圣武记》资料的整理和撰著，但因其在身边，母亲和夫人严氏毕竟感到了一种少有的安定。已年过四十五岁的严氏，忧于自己子嗣稀少，便与婆母商量，于这年冬天为魏源纳妾谭氏，以求多子多孙、人丁昌盛。

道光二十二年（1842年）春，新婚的魏源在家赶著《圣武记》，同时享受着一种难得的家庭温馨。兴之所至，他将这种温馨和居家的乐趣融入了自己的诗篇之中。其《花前劝酒吟》云："细雨濛濛江汉宽，楚天无际倚阑干。水为万古无情绿，酒是千龄不老丹。故国鱼兼莼菜美，新霜人共菊花寒。楼船楼阁俱雄壮，黄鹤黄龙醉里看。"

然而，这样的和睦在乱世之中注定不会持久。不利的消息接连由前线传来，面对早已注定到来的第一次鸦片战争的失败，魏源的心情仍旧十分沉重，一方面他"不胜漆室之忧"，抓紧一切时间撰著《圣武记》和《海国图志》，渴望借此富国御辱；另一方面，他将满腔的愤恨都凝聚在了诗歌当中。

魏源一生中最重要的政治诗《寰海》《秋兴》等组诗都是在鸦片战争前后完成的。在诗中，他辛辣地嘲讽了清廷统治者面临大敌一筹莫展、吵吵嚷嚷的狼狈相，"争战争和各党魁，忽盟忽叛若棋枚"，认为"浪攻浪款何如守，筹饷筹兵贵用才"。然而，那些习惯了花天酒地、纸醉金迷的统治者及其豢养的贵族军队哪里还有什么斗志呢？"尽习都俞润色风，升平养豢百年中。临时但解驱轩鹤，无事还闻好叶龙。"他们腐败无能，眼高手低。痛定思痛，魏源冷静地思考和探索战争的成败得失、经验教训。

魏源在《寰海后》十章之四云："小挫兵家胜负常，但须整旅补亡羊……重颓赤帜骄夷帜，更使江防亟海防。"他提醒当权者要注重汲取失败教训，及时亡羊补牢，在稳固海防的同时也要加强江防，防止外夷兵船入内河，威胁内地安全。事实证明，魏源的预见是非常正确的。其《寰海后》第九首的前四句还有对时风的议论："曾闻兵革话承平，几见承平话战争？鹤尽羽书风尽檄，儿谈海国婢谈兵。"只听说在战争时期议论和盼望和平，几时见过太平日子会议论战争？如今鹤飞都被疑为鸡毛信，风声也被疑为檄文到，儿童在谈论外国，婢女也在议论刀兵，真是风声鹤唳、草木皆兵。

满腔爱国忧民的情怀被魏源汇集成了一句话："梦中疏草苍生泪，诗里莺花稗史情。"睡梦中是百姓的辛酸泪滴，诗中书写的全部都是自己对于鸦片战事的反思，对家国百姓的一片衷情。

确实，魏源的这几组诗，不但较为全面地反映了鸦片战争的历史，更揭露了统治者的昏庸误国，并讴歌了林则徐与三元里人民"同仇敌忾士心齐"的抗英斗争，可以说是一部与他的《夷艘寇海记》媲美且相互印证的鸦片战争"稗史"。

《夷艘寇海记》是鸦片战争期间，魏源根据自己参赞军务掌握的鸦片战争内幕，撰著的一部全面记述鸦片战争的历史专著。这是一部以满腔热血为支撑，冒着风险秉笔直书的鸦片战争"活的历史"。

道光二十六年（1846年），《圣武记》第三次重订本"目录"卷十下所标《道光夷艘征抚记》，注明"补刊"而实际未刊此篇正文，后至光绪四年（1878年）才由上海申报馆补刊的《道光洋艘征抚记》一文的初稿。因该文真实记录了鸦片战争的全过程，语言犀利，其中有名为责贤（林则徐），而实是指斥道光帝旻宁的"犯上"文字，故作者"恐遭时讳"受祸，而有意不署名。

在这本书中，魏源从道光十八年鸿胪寺卿黄爵滋和湖广总督林则徐分别奏请严禁鸦片烟、道光帝召见林则徐并委任钦差大臣赴广东查禁鸦片讲起，历述了自康熙初年以来鸦片毒品的走私泛滥，且国王派领事一员总管并与中国官吏抗衡的情况。

鸦片战争结束之后，道光帝并未意识到自己的庸碌以及决策的失败，反而将那些能窥测自己心意的投降派将领逐一重用。如，耆英奉命签订卖国的《南京条约》后，还以两广总督、钦差大臣身份包揽外交，官升内阁大学士，与穆彰阿等人一起协助道光帝操纵朝政；琦善、文蔚、奕经等人也先后被委以重任；而林则徐、邓廷桢、黄冕等主战派人物则仍流放新疆服苦役。

这种是非颠倒、掩盖战争实况的局面，致使京城的政治气氛十分紧张，投降派害怕人们揭其老底，采取了钳制舆论的高压政策。"和议之后，都门仍复恬嬉，大有雨过忘雷之意。海疆之事，转喉触讳，绝口不提。即茶坊酒肆间，亦大书'免谈时事'四字，俨有诗书偶语之禁"。在这种情况下，《夷艘寇海记》得以通过传抄秘密传播，从而披露许多鲜为人知的材料，澄清了甚嚣一时的林则徐禁烟启衅谬论，暴露了投降派的丑恶嘴脸，歌颂林则徐、邓廷桢等人英勇抗敌的英雄事迹，使蒙昧中的人们能分清是非、了解战争的全过程和事实真相。《夷艘寇海记》这部鸦片战争史不仅具有重要的文献价值和历史意义，更是通过史书进一步体现了魏源的史识、史德、史才和史胆。

或许，我们可以将其称为，一代知识分子的良心。

第六章　贤臣难酬报国志

进士题名东台受累

在鸦片战争中，魏源的思想感情发生了很大变化。他对清朝统治者已丧失信心，对大清帝国的命运也产生疑问。虽是一片迷惘，魏源仍旧在道光二十四年（1844年），选择前往北京参加科举考试。那一年，他已经五十一岁。明明心灰意懒，却为何还不能够绝意科场呢？

我们前文曾经讲到，魏源在淮北实行票盐时获得了不少利润，这使他的生活景况大为改善。后来，随着家中的人口增加，兄弟与堂兄弟中的有些人都依靠他生活，加之魏源性情慷慨，经常资助友人，而鸦片战争的破坏使得他的财产受到损失，因而魏源的生活发生困难。

迫于经济的压力，魏源不得不再次"出山"，争取考取一官半职，求得薪俸收入，以养家糊口。他在写给友人邓显鹤的信中曾说："自海警以来，江淮大扰，源之生计，亦万分告匮。同人皆劝其出山，夏间当入京师，或就彭泽一令，或作柳州司马矣。中年老女，重作新妇，世事逼人至此，奈何？"信中说，自鸦片战争以来，江苏扬州等地饱受战乱的破坏，魏源一家生计告急，无奈之下他只好听从友人的劝告，再次"出山"，要不像陶潜那样去做彭泽县令，要不像柳宗元那样就任柳州司马，以求生计。但这样的行为，让他充满了老妇新嫁的悲凉与无奈。

这年二月，魏源在北京参加会试。这次会试的"四书"题出自《孟子·告子章句上》。孟子曰："牛山之木尝美矣，以其郊于大国也，斧斤伐之，可以为美乎？是其日夜之所息，雨露之所润，非无萌蘖之生焉，牛羊又从而牧之，是以若彼濯濯也。人见其濯濯也，以为未尝有材焉，此岂山之性也哉？"考题取末尾三句，掐去"人见其濯濯也"六字，即以"以为未尝有材焉此岂山之性也哉"十四字为题。

饱学之士魏源，一见此题即知其出处与背景。孟子说，牛山的树木曾经很是茂盛，但因长在大都市的郊外，人们老用斧子去砍伐，如何还能茂盛？尽管被砍后树木仍在生长，雨露仍在润泽，不是没有嫩芽生长出来，但无奈紧跟着就有人前来放羊牧牛，所以牛山自然就变得光秃秃了。大家看见牛山那光秃秃的样子，便想当然地认为这山上不曾有过大树木，这难道是山的本性吗？

一见这题目，魏源不禁文思潮涌。他本想着借题对国家的人才问题进行一番痛快淋漓的议论，同时为在鸦片战争中被冤屈，最后削职充军的好友们出一口气。但他又想到，这是自己自道光十五年绝意科场以来，被迫参加的第六次会试，已知天命的他再不能因触犯时讳或有违时文规制而有任何闪失！于是他只得压住心头怒气，严格按照八股文的格式一气呵成写就一篇时文。魏源的文章气势雄厚，既严格按照八股文的形式，浑然天成，又不拘形式，融会贯通，小中见大，充分表明了自己的人才观，实不愧文章高手，学界巨擘！

此文阅后，考官加批为"劲扫千军，倒倾三峡"，本已中礼部会试第十九名，却不料主考官"以磨勘稿草模糊"，即试卷草稿字迹模糊，而被罚停止殿试一年。早已"龚魏"齐名官场，且借《诗古微》《圣武记》《海国图志》等巨著名声震耳的魏源，怎么也想不到考官竟会以试卷潦草为借口来罚他停殿试一年。满腔的屈辱和悲愤凝聚于笔端，使他写出了又一组揭露清王朝腐败黑暗的政治讽刺诗——《都中吟》十三首。

在诗中，魏源以"书小楷，诗八韵，将相文武此中进"，嘲讽只要能写上一笔秀丽的小楷，能胡诌几首八韵诗，就可以当上文武将相，而且"官不翰林不谥文，官不翰林不入阁"！然而，由这种科举制度培养出来的脱离实际的书呆子，又有什么用呢？只能让他们"润色承平"，装装门面。魏源最后幽默地挖苦说：昨日大河决堤，该派会写桃浪诗的官员去治河吧！今天海防前线告警，该派会写檄文的能手去御敌吧！他的忧愤之情，可见一斑。

在道光二十五年（1845年），魏源终于在补考中被录取为进士，从此真正走上做官的道路。

据当时人传说，魏源在考中进士以后，大学士穆彰阿曾打算把他罗致到手下。史传记载，穆彰阿，字鹤舫，郭佳氏，满洲镶蓝旗人，是当时掌握实权的大学士，因此，"门生故吏遍于中外，知名之士，多被援引，一时号曰'穆党'"。投靠穆彰阿当然是一条升官的捷径，但魏源非常鄙视他，知道他在鸦片战争中力主和议，排斥林则徐，重用投降派，是一个"保位贪荣，妨贤病国"的顽固派首领，因而魏源对他"漫不为礼"，也不去拜访，以致最终并不为穆彰阿所用。

魏源在拒绝了穆彰阿的拉拢以后，决定到江苏去做州县官。

州县官是所谓"亲民之官"，是与百姓最为亲近的官员。州县官的品级虽然只有七品，于当地百姓而言却极为重要。得知了魏源的选择，很多朋友都写信给他，为他未能到翰林院工作而深感惋惜。

魏源闻此却不以为然，他在回信中对友人说明了自己的志向所在。宰辅的职责是帮助皇帝筹议国计，谏臣的职责是规劝皇帝的过失，同时反映人民的痛苦。魏源对当时官场只重视例行公事的毛笔字和歌功颂德的八韵诗不感兴趣。正如他曾在

《都中吟》中所说的那样，翰林院官员们每天的工作不过是写写小楷，作作徘诗，他无法想象如此庸碌的人生有什么意义，反而不如到地方上切实为百姓做些好事。经世与务实才是他所追求的目标。

道光二十五年（1845年）秋，魏源从北京回到江苏，不久就被委派官职，暂时署理东台县知县。这时，魏源已经五十二岁了。

东台县在江苏扬州府东二百四十里，是乾隆三十二年（1767年）设置的小县，地方非常贫瘠，东临大海，有七个盐场。由于连年以来的农业歉收，地方官员办理钱漕时日益感到困难重重，田赋总是不能足额。魏源之所以到任，就是因为前任县令葛起元在收漕时，忽然有人在县衙门前聚众吵闹，几乎酿成事端。魏源的面前，可谓挑战众多。

魏源到任以后，拜访了当地德高望重的士绅，惩办了一些奸猾恶棍，深受士人与百姓的欢迎。然而，东台县的钱漕不会因为魏源的政绩凭空足额，再加上前任县令的欠款仍无着落，无奈之下，身为地方父母官的魏源只好自己拿出四千多两银子去赔垫。

这样一个父母官，为了地方百姓生计，几乎倾家荡产。魏源在给友人胡林翼的信中诉说了当时的苦境："全家数十口，空无所有；先人的棺木也未得迁葬。"信中又请胡林翼替自己代求两淮盐运使但明伦筹一馆地（教书先生），好使得他多些薪水收入，以解决生活问题。

在任时期，魏源认真研究了江苏的钱漕问题。他认为，江苏钱槽之所以发生问题，原因很复杂，还牵涉许多社会问题。他为此曾当面向江苏巡抚陆建瀛陈述江苏潜弊的解决办法——最好以海运代替漕运。他说："江苏潜弊，非海运不能除，京仓缺额，非海运不能补"，又说，"是惟海运可再造东南之民力，惟海运可培国家之元气"。

魏源何出此言呢？

原来，州县由于漕费日益增加，人民无力交足田赋，州县官没有办法完成任务，只好谎报本地受灾，用朝廷减免的钱漕，去贴补浮收的数额。大县额漕10万石者，所收不过6万石，所以，即使是丰年，地方官也只能以歉收上报。总计江、浙两省每年减缓漕粮不下百万石之多，北京的粮仓怎能不发生缺米现象呢！

魏源虽然提出了用海运的办法来解决江苏的钱潜问题，但海运受到各种保守势力的大加阻挠，无法实行，钱漕问题也就难以解决了。

魏源在东台任职期间并不开心，加之道光二十六年（1846年）夏天，魏源的母亲去世，他丁忧守制，不能为官，便离开了江苏东台县。

二修海志寄情山水

道光二十七年（1847年）魏源继续守制。

这年春天，魏源继上年三订《圣武记》后，抓紧时间对《海国图志》一书进行增补修订工作，至仲夏五月，古微堂镌板《海国图志》六十卷本竣工。

魏源的这次修订，对书中五十卷本的叙言几乎未作改动，仅将标题"海国图志叙"加一"原"字，改为"海国图志原叙"，"五十卷"改为"六十卷"；末尾原"道光二十有二载，岁在壬寅嘉平月，内阁中书邵阳魏源叙于扬州"之后有"时夷艘出江甫逾三月也"十字，则删去改为"原刻仅五十卷，今增补为六十卷，道光二十七载刻于扬州"23字。

这次全书增补的内容，主要为两方面：

一是多次辑录《万国地理全图集》的文字。魏源没有注明这本书的作者，而《小方壶斋舆地丛钞》辑有此书，标明"阙名"，熊月之曾撰文疑其为《万国地理全集》的另一版本。《万国地理全集》为德国传教士郭实腊所著，于道光十八年（1838年）在新加坡出版，其主要内容曾在郭氏主编的《东西洋考每月统纪传》上连载。魏源曾在《海国图志》五十卷本中辑录了郭氏编的另一本书《贸易通志》，这样推想，他读到《万国地理全集》也是极有可能的事情。魏源称《万国地理全图集》"世所鲜见"，在此次增补中前后辑录达48次，在咸丰二年又一次增订的百卷本《海图国志》还又征引9次，由此可见魏源对此书的重视。除了《万国地理全图集》的辑录，魏源还在卷七补谢清高《海录》、国史馆《郭世勋传》和卷三十九补《美理哥图志略》等，但文字数量较《万国地理全图集》要少很多。

二是附录的资料大为扩充。原卷四十九《夷情备采》，今增补为卷五十一和卷五十二《夷情备采》上下两卷；原卷五十关于洋炮和西洋器艺的资料，增补为卷五十三至卷六十共八卷，辑录《仿造战船诸议》《火轮船图说》《铸炮铁模说》《仿铸洋炮说》《炸弹飞炮说》《炮车炮架图说》《攻船水雷图说》《西洋远镜作法》等文章15篇。

而比较《海国图志》道光二十二年五十卷本与道光二十七年六十卷本的地图，可以发现两种刻本之卷二的"圆图""横图""地球全图"等，实际上并没有重刻，其字体、图形都是用的五十卷本原版。只是页二十四后因加上"大兴编修徐先生松（皆从事元史）"及"徐先生之于舆地专门绝学所为《元史西北地理附注》及《诸王世系表》亦未卒业……"等语，以至重刻；而页二十九文字有改动和页三十八后增加《元代疆域图二》及《沿海全图》等则系重刻。乃至有的图形上文字有误，如页二十七图上"唐古时"的"时"字误，这次也只是挖改成"特"。

至于全书结构的调整，则主要是将原卷三十二中属大西洋

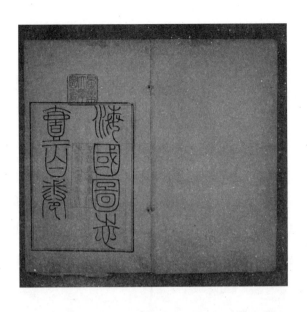

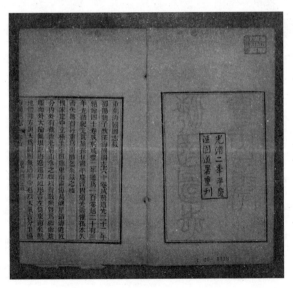

光绪年间《海国图志》书影

欧罗巴洲的《普鲁社国记》和《普鲁社国沿革》等，调到卷三十八，改归北洋。原《筹海总论》上下两卷增为三卷，原《夷情备采》和《洋炮图说》等二卷增为八卷，可见这六十卷本所增十卷眉目十分清晰。

魏源的友人陆嵩于"丁未"读新修订的《海国图志》后，曾赋诗赠予魏源。诗中说，"荆湘之间积感民，以此自称伊何人？平时读书破万卷，抱负谁得知其真……开编什读发感喟，著论深切悲鬼神。造船铸炮有原委，重洋指画如躬亲。宣室倘蒙召夜半，班超西域功休论。"诗中饱含着对魏源的赞许和未能被道光帝重用的惋惜之情。

这年夏天，魏源收到了好友陈世镕的来信。陈世镕去年秋天刚从甘肃引疾回安徽，得知魏源的近况后，他便写信询问魏源是否已将父母灵柩安葬。又提及在甘肃时自己曾收到魏源来信"询问关中形势"，向魏源解释说关中也是"借以游览山川则可，幸勿过于胶柱"；而据近日"诸所闻见，多非故常，大劫将临"，则淮扬亦非乐土。为此，他"已于皖公山腹构茅屋三间，种竹万竿，以娱晚景"，希望魏源也要未雨绸缪，做好安顿。

魏源收到来信后，当然不可能像陈世镕那样筑屋避世，也没有应他邀请去安徽作"山阴访戴"，反而是利用这守制闲暇进行了一次"半年往返八千里"的南游。

这次的行程，魏源从扬州出发，由南京溯江而上，经洞庭浩淼，又入湘水游荡。后溯湘水而上，入潇湘地，游九嶷山，抵达桂林玩赏后，顺西江到达澳门、香港两地，然后从广州北上，过衡山至江西，最后回到江苏游苏州、宜兴等地。等回扬州后并未做休整，而是不久就出发，再游太湖、杭州、宁波等地的风景名胜。

这次路途极长的游览，可以说是魏源有生以来最为开阔眼界、增长见识、荡涤心灵的旅行。他写了一首《楚粤归舟纪游》，来概括性总结这次的楚粤之行。诗中说：

看尽奇奇怪怪峰，遍穿曲曲湾湾碛。

粤吴楚越舟车马，岭海江湖雨雪风。

客到岭南疑谪宦，文非海外不沉雄。

半年往返八千里，岂独云山入卷中。

可见此次的南游于魏源而言，绝不仅仅是数十首山水诗"云山入卷中"，更重要的是使他体会到"自过岭南诗一变"，"文非海外不沉雄"的新奇景象，为他认识世界打开了一扇全新的窗口。

魏源这次南游有着诸多收获。于他而言最大的收获，可能就是有幸与人同行去澳门、香港等地游览，并购得世界地图等书籍，为日后对《海国图志》再作修订扩充提供了便利的条件。

在港澳两地，魏源见识到了许多从未见过的新鲜事物。特别是主人的热情好客，琴声的美妙悠扬，都让魏源领略了全新的生活方式，感觉自己与洋人的距离在不经意间已经被拉近，因而他发出"谁言隔海九万里，同此海天云月耳"的感叹。又因眼前一对仙童般的小洋人，联想到"鞭骑幺凤如竹马，桃花一别三千纪"，而发出"呜呼，人生几度三千纪，海风吹人人老矣"的迟暮之叹。

他说这次的旅行，"扩我奇怀，醒我尘梦"，以上的慨叹都被记录在了《澳门花园听夷女洋琴歌》和《香港岛观海市歌》两首诗中。

这时的魏源已是年过半百的老人。作为一位五十四岁的老人，第一次在洋人家里作客时感受到的温暖和友爱，让他具体可感地见证了《海国图志》中"直可扩万古之心胸"的西方资本主义国家文明，更进一步生出天下一家、四海皆兄弟的思想。这样的想法不能不说在当时是有些惊世骇俗。

此时唯一令魏源感到遗憾的大概是语言难通的问题。他后来回忆此事，在《偶然吟十八章呈婺源董小槎先生》诗中写道，"四远所愿观，圣有乘桴想。所悲异语言，笔舌均恍惘……所至对喑聋，重译殊烦快。若能决此藩，万国同一吭……学问同献酬，风俗同抵掌。一家兄弟春，九夷南陌党。"魏源一心设想着，世界上要是能有一种"万国同一吭"的语言，那不就可以自然消除语言隔阂，天下一家？这诗中所体现的诗人的胸怀是何等的开阔!

魏源南游的第二大收获,是沿途得以游览湖南、广西、广东、江西、浙江、江苏等省地的名山大川,并一路诗兴大发,写下了包含《洞庭吟》《西洞庭石公山吟》《西洞庭包山寺留题四首》《游山吟》八首《惠山夜坐》三首《虎丘夜月》等几十首诗歌在内的脍炙人口的山水名篇。

其实,魏源早已经有了"从此芒鞋踏九州,到处山水呈真面"的强烈愿望,他渴望着用自己的脚步丈量大好河山,用自己的心灵感受山水真面。也正是在这首《游山吟》中,魏源通过对不同山水风光的细致观察与描写,形成了自己独特的审美观念。

魏源认为,游山不能浅尝辄止,而要深入其中,甚至做到与山合而"为一",才能真正品味到其中的大美。这正是所谓的:"游山浅,见山肤泽。游山深,见山魂魄。与山为一始知山,窹寐形神合为一。"只有真正地倾情山水,勇于探奇访胜、穷幽极深,才能够见识到壮阔景象,才能切身体悟到"好奇好险信幽癖,此中况趣谁知之! 不深不幽不奥旷,苦极斯乐险斯夷。譬如学道不深入,肤造安得穷其蠡"的意义与乐趣。

在《游山后吟》诗中,他仍以自身游山体验说明人生问题,慨叹世人游览的浅尝辄止,不能尽得山水佳胜,人生真趣。"世人游山不游谷,何异升堂遗奥曲。奥曲全在两山间,登高一览何由足! 四岳妙在峡中溪,嵩衡到已少,岱谷更罕窥。华山西谷水帘下，亘古屐齿谁知之？开先石梁三叠谷，庐瀑止涉其藩篱。始知桃源别天地，只在目前人不识。"

同样的感受，王安石在《游褒禅山记》中也早有抒发。他说："夫夷以近，则游者众；险以远，则至者少。而世之奇伟、瑰怪、非常之观，常在于险远，而人之所罕至焉，故非有志者不能至也。"人生何尝不是如此？只有历险深入，孜孜以求，我们才能邂逅最美妙的风景，实现自身真正的意义与价值。

魏源游山观景，除了对人生有了全新的认识，也在艺术上有所精进。他很注意观察考究山的形态特点和个性，然后以全景式、立体式的铺述，写实的表现手法写就景物，使得笔下的群山丘壑分明，气势纵横，且各具形态，各具个性。如写衡山时他写道："恒山如行，岱山如坐。华山如立，嵩山如卧。惟有南岳独如飞，朱鸟展翅垂云天。四旁各展百十里，环侍主峰如辅佐。遍巡辅佐陟主峰，坐受众朝如受贺。"这是魏源在看遍五岳之后，为南岳的磅礴气势所倾倒，而作出的想象奇特、比喻生动的大写意。

总的来说，魏源此次南游写就的大量诗篇既体现了他对祖国大好河山的热爱、"惟有耽山情最真，一丘一壑不让人"的诚挚诗人情怀，又表现了他雄浑遒劲、慓悍奔放而又观察精微、描写细致、取譬新颖的诗风。

郭嵩焘曾评魏源的山水诗说："游山诗，山水草木之奇丽，云烟之变幻，瀚然喷起于纸上，奇情诡趣奔赴交会。盖先生之心，平视唐、宋以来作者，负才与之角，将以极古今文字之变，自发其嵌崎历落之气。每有所作，奇古峭厉，倏忽变化，不可端倪。"可谓得其旨矣。

魏源这次南游的第三大收获，是借此机会拜访了故旧，畅叙友情。如他与诗友张维屏在其广州寓所听松园相处，两人论文数日后才依依不舍相互道别，等到三年后魏源重新追忆这次相聚，仍旧十分感怀，还特别赋诗《寄张南山》来纪念。

总结这次南方之行，魏源先后造访了江西庐山、广西象山、龙虎山、灵渠、桂林和福建武夷山等处。他欣赏了气势磅礴的山水，参观了过去学者讲学的书院，随后又到广州去拜访友人张维屏和陈澄，同他们交流了学术上的研究心得。最后，他去到了澳门和香港，在那里看到了许多在书本上看不到的事物，接触了一些外国侨民，思想更为开阔。他甚至希望这通过各国人民的友好往来，能有朝一日再无战乱，真正实现"中外一家"的美好愿景。

"粤吴楚越舟车马，岭海江湖雨雪风。"魏源在结束了"半年往返八千里"的旅程以后，大约于道光二十八年（1848年）回到了扬州家中。

简恕为政造福一方

道光二十九年（1849年），魏源接到派他署理江苏兴化县知县的命令，他前往赴任后，在兴化县首先便遇到了极为棘手的问题——治水抗洪。

自少年时北上求学时就发现了北方的水利失修，目睹了生民惨状，魏源对于防治河患、兴修水利一事便一直十分注意，他每到一处，总会习惯性地先探查水势，研究河道的变迁等情况。在江苏做幕僚时，魏源曾奉命疏浚徒阳河，就是等到了北京准备参加科举考试，他也曾抽空考察了河北固安附近永定河的水利状况，写成了专门的文章《畿辅河渠议》。自然的，此次受命为兴化地方官后，他在未到任以前便已经开始了对附近各处的考察。

为何兴化县的水患如此严重呢？

原来，扬州府所辖的几个州县，地势都比较低洼，而兴化县则是扬州府里下河一带地势最为低洼的地方，俗称"锅底"，海拔不到两米。这里的河流和湖泊众多，河流有运河、海沟河、得胜河等，湖泊有平望湖、白沙湖、吴公湖等。运河在城西，分流为车头河，经得胜湖，至城东30里处，东入串场河。在城西则有山子河，西通海陵溪，入白涂河。

由于兴化的河湖星罗棋布，地势十分低洼，因而一到秋天，湖水必涨，威胁堤防。而一旦堤坝溃决，则必定影响运河漕运，所以那附近建了南关、中新等五处堤坝，用来泄洪。一般情况下，下河农民种的都是早稻，因而到了秋初湖水大涨时，新谷都已经收进了粮仓中，即便这时起坝注水，也不会影响收成。

但是，因为近些年来的官场腐败，大多数的治河费用都被河臣、河工贪污挥霍，致使河堤年久失修，很不结实。一旦湖水上涨，庸碌无能的河官们往往害怕承担溃堤的罪责，于是常常是不顾下河的江都、甘泉、泰州、高邮州、兴化、宝应、东台州县人民的死活，早早就下令启坝放水，"虽黄穄连云弗顾也"，即便那时黄澄澄的稻穗就要收割，他们也毫不在意。正因为这些管理腐败昏聩，下游农民总是遭受灾害、苦于饥荒，而其中兴化的灾害最为严重。魏源上任的前一年，淮扬地区出现了大饥荒，全靠四川、广东的商米接济，原因就是开坝放水时间太早，导致粮食颗粒无收。

魏源到任后，还没来得及修治河道，就遇上了四月份的大雨加冰雹，当年五月至六月份更是持续不断暴雨如注，高邮、洪泽二湖湖水上涨，运河已经难以承受这水量。河官们唯恐因为大水冲破堤防获罪，便又一次计划着提前启坝放水。当地人民屡遭涝灾，生活困苦，精神早已惶惧不安，唯恐今年又要提前防水，让一年生计再次付诸东流。

魏源深入了解到这些情况后，一方面督派民兵日夜维护堤岸，一方面连夜赶到两江总督的陆建瀛行署，击鼓求见。一番恳切陈辞后，总督终于同意了魏源的主张，下令河官不许任意放水。河官唯恐担责任，不愿遵从指令，陆建瀛便亲自到坝上驻扎。

魏源辞别陆建瀛以后，又是连夜赶回兴化。此时正是西风大作，大雨倾盆而下，一连两昼夜不止。高邮湖湖水猛涨，大风卷起的浪花像白雪一样拍打着湖岸，泥土不断被浸吞，眼看堤坝就要决口。

正是在这十万火急的时刻，魏源挺身而出，他冒着大雨在堤岸上督促民兵加固堤坝，愿以身贷民命，多次被巨浪翻起，他却仍旧是奋不顾身。兴化人民看到自己的父母官如此拼命都感动不已，在魏源的感召下，自动到堤上帮工的百姓不下十几万人。

老百姓们看到魏源辛苦，内心都十分不忍，于是纷纷劝他暂时回去休息。正值抗洪的关键时期，魏源哪里肯有丝毫放松，他继续在一线与洪水搏斗，一直到傍晚风浪稍息，才回到署中休息。

瓢泼的暑雨早已浸透他的全身，魏源连续奋战几日，早已眼睛红肿，身体疲惫。灾情稍有缓解，他便因病倒下，得了疸疾（黄疸性肝炎），百姓们听闻此事，无不感泣。两江总督陆建瀛见此，也禁不住感叹：“精诚所至，金石为开，岂不信然！”

这一年，兴化及邻近几个县的早稻破天荒获得了大丰收，士民们全都对魏源的行为感恩戴德，并将当年的新稻称为“魏公稻”，同时合议制作一块“淮扬保障”的大匾，悬挂在县署正中，借以称颂魏公的恩德。

魏源在后来所作的《登高邮文游台》诗中，感慨地陈述了他作为州县官的心情：

何事终年最系情，晴多望雨雨祈晴。

湖云似堰当楼黑，春水浮天上树明。

谁道登临宜作赋，难忘忧乐是专城。

农桑未暇还诗礼，空对前贤百感生。

"晴多望雨，雨多祈晴"，终年盼望农业丰收，这就是县官魏源最关心的事情。

在魏源的心中，地方官绝不应该只是登楼作赋、抒怀吟咏，更重要的是要关心农桑生产，改善人民生活。宋朝名臣范公范仲淹也曾在兴化为官，魏源在兴化时，时常默默伫立于范仲淹的祠堂中，默诵着那句"先天下之忧而忧，后天下之乐而乐"，时时激励自己要像范公那样筑堤爱民，功在地方，不负百姓的信任与期待。

这一年的兴化风浪幸运地被制服，但魏源认为，若想百姓安康顺遂，则必须要将水患根除。魏源经过充分的调查探访，还发现了运河东堤之外，曾为防止秋汛而专门建筑的西堤。然而，因为河工人员的玩忽职守，西堤长期得不到检查与修治，以致最终残破毁坏，甚至连痕迹都难以寻觅。魏源顺着河岸一路寻访，终于找到了西堤旧基。他为此特地给两江总督陆建瀛写信，陈述了治河办法，强调了重新修建西堤的必要性。他认为："西堤石工无论何策，皆不能省，虽非釜底抽薪之谋。实急则治标之计。"陆建瀛批准了这个计划，使西堤修复，东堤也加固起来。魏源还在坝上刊刻法令：今后湖水上涨时，只许修筑堤坝，不得轻易放水，淹没农田。

从这时起，扬州里下河一带的人民，才真正远离了人为的祸患，不用再为了庄稼的颗粒无收而日日担惊受怕。

魏源在任时的所作所为，深受当地人民的感戴。兴化人民为了感谢他，想着按照当时一直以来的习俗，为他修一座生祠，在祠中供奉他的长生禄位，祝福魏源健康长寿、平安顺遂。魏源听闻此事认为自己只是做了分内的事情，更是不愿劳民伤财，于是严词拒绝了这件事。直到他病逝以后，当地人民仍旧感念他的功德，将他附祀于范仲淹的祠堂里。

这样的行为，正是魏源一向崇尚的为政宽大仁恕的体现。魏源曾对自己的子孙们说："守土牧令，以一人耳目之所及，防数百胥卒之欺蔽，胡可得哉？惟以诚感之，使不忍欺耳。"所以他在听政之闲暇，往往广泛查阅典籍、著书自娱，注重解决实际问题，而不是去苛刻考察下属，"与客接，无多言；有问学者，则反复譬导，娓娓不倦"，这些无时无刻不体现出他那学者的本质、简恕为政的观念。

在兴化县任职期间，魏源不仅捍卫了河堤，保证了粮食丰收，在农业方面作出了突出的成绩，更在地方上修建学宫、扩大书院、重修育婴堂、纂修县志，又将学宫中的尊经阁重修开放，作为本县知识分子学习聚会的场所，为知识分子们提供更好的交流平台。

因此，在他即将调离兴化去高邮州任知州的时候，地方上的士绅和百姓们都对这位父母官依依不舍，争着为他送行。魏源在《将去兴化登城北拱极台》记录了这种情况。诗中说：

> 倾城竞赠送行文，不饯朝阳饯夕曛。
> 穷海见闻惟白浪，下河忧乐在黄云。
> 去年争坝如争命，此日调夫如调军。
> 不是皇仁兼宪德，那看台笠遍菑耘。

一个官员是否成功，百姓始终都是最好的检验。

魏源于道光三十年（1850年）十月补授高邮州知州，而实际到任却是第二年，即咸丰元年（1851年）初。

清廷的最高统治者在道光三十年发生了新旧交替的重大变化。这年正月十四日，道光帝在圆明园病危，召宗人府宗令载铨，御前大臣载垣、端华、僧格林沁，军机大臣穆彰阿、赛尚阿、何汝霖、陈孚恩、季芝昌和内务大臣文庆等人，宣示朱谕，立皇四子奕詝为皇太子，是日午刻，道光帝病逝于圆明园慎德堂苦次。当月二十六日，20岁的四皇子奕詝在太和殿即皇帝位，是为文宗显皇帝，以第二年为咸丰元年。

咸丰二字，"咸"是普遍的意思，"丰"是丰裕富足，因而"咸丰"便是取天下丰衣足食之意。然而，这对于大清帝国内忧外患日趋严重的动荡时局来说，无疑只是一个不切实际的幻梦。

调任高邮州的那一年，魏源已经五十八岁了。年近耳顺的老人，身体早已经大不如前。特别是在兴化抗洪时他因为过于劳累，得了疽疾，目黄体胀，卧病在床，直到秋天才渐渐痊愈。然而这场大病，毕竟渐渐消耗了他的体力。

在高邮州时，魏源继续修治运河堤岸。更有甚者，他的治理不仅仅限于高邮州境内，还帮助临县江都完成河工。魏源的友人、安徽泾县人包世臣听闻此事后对魏源的行为极为赞许，他同时还在信中向魏源求教治理下河的办法。包世臣在信中说："并承问以清送漕，不治下河，而下河自保之法。此时舍阁下，更无肯管此闲事者。"说的竟然是除了魏源，再没有人愿意管治河这样的"闲事"了！可见，当时像魏源这样实心任事、积极肯干的地方官确实已经不多了。

魏源在高邮州期间，对于嘉庆朝以来地方官吏玩忽职守、无能敷衍导致积压了众多案件的事情十分不满，并决心加以整治。在魏源看来，人民一涉诉讼，往往经年不能解决，以致倾家荡产者不计其数，更不用说，大量存在的官吏贪赃枉法、诬良为盗、滥用非刑等迫害人民的罪行了。魏源上任后处理了一些积案，对于人民诉讼案件尽量从速秉公处理，避免狱中犯人被长期羁押而因此废业。对于监狱的条件，魏源也尽自己的可能进行改善，搭建暖室凉棚，为病人给衣施药，不使犯人病死狱中。

此外，魏源在高邮任上还修建了高邮湖中的湖心岛。高邮湖湖面宽阔，船只遇风时无处躲避，往往有倾覆的危险。清政府虽然在湖上设有红船救护，但难免顾此失彼，救援不及时。于是魏源决定在湖心挑筑湖心岛，岛上广泛种植榆柳树木，以供湖船避风靠岸停泊之用。此外，他又疏浚了许多港口，方便船只在遇风时就近躲入港口内，避免倾覆。

在咸丰三年（1853年），魏源还将高邮文游台扩建为文台书院，购置图书，以培养人才。同时，他又设置义地、义学，为百姓提供读书机会，整饬育婴堂、恤嫠会①，使鳏寡孤独有所依、有所养，传种牛痘防治疾病等，为地方做了许多有益的事业。

道光三十年十二月十日（1851年1月11日），洪秀全在广西起义，建号太平天国。不久，南京即被太平军占领，随后改名天京，正式建都，与清政权分庭抗礼，形成了南北对峙局面。

最初，魏源见太平军起义，出于地方官的职责，为了维护地方治安，他采取了一些应急措施，擒获了一些犯有强奸掳掠罪

---

① 恤嫠会：古时救助贫困寡妇的慈善机构。

的溃逃官兵和"挎匪"（响应太平军的本地群众），并将其斩首。

然而令人意外的是，一向关心国事、为国分忧的魏源并没有采取进一步的行动，反而是采取了观望态度，甚至并不为清政府传递军事情报。这时奉命督办江北防剿事务的官员，正是当年魏源在兴化与之抗争的南河河道总督杨以增。他与魏源结怨已久，这次自然趁机上奏朝廷，说魏源收到江南文报并不绕道递送，反而屡将急递退回，以至南北信息不通，于是清政府下令革去魏源在高邮州的知州职务。无奈之下，魏源只好与高邮人民告别，回到兴化县的一个小庙中，过上了他的隐居生活。

那么，魏源为什么同情太平军呢？

同情起义被参革职

从秦朝陈胜吴广揭竿而起后，中国历史上，发生了众多的农民起义运动，截至太平天国运动，大小起义有数百次之多，而它们的共同特点则是，全部为农民的反抗运动和革命战争。农民一直是中国社会的底层，他们固守着土地，耕种粮食，自给自足。然而，当土地失去、赋税负担超过自己所能负荷，生活无法继续时，他们难免会奋起反抗。

然而，当时的封建统治者并不从自身找原因，却不分青红皂白对其进行残暴镇压，还有众多封建意识浓厚的知识分子随声附和，对农民起义大加污蔑。而实际上，多数的农民起义都是由封建统治者对农民的残酷剥削和压迫引起的。

魏源作为一个正统教育下成长起来的知识分子，他对农民起义的看法和态度也是有一个发展过程的。

正如我们所知，魏源自幼接受的是传统的儒家教育，读的是封建统治者指定的四书五经，作的是八股文章。他参加的考试、所作的文章都有严格的规程，他表达的思想更是不能越雷池一步，在这样的思想控制之下，魏源又如何能超越当时统治者所给他的影响，从而进行独立的思考呢？

后来，魏源真正步入了社会，切实经历了社会上的种种情景，见识了贵族官僚荒淫无度的生活，目睹了农民们所处的痛苦境遇，才对统治者，特别是皇帝，有了较为全面、客观的看法与认识。

魏源甚至一度发此议论："天地之性人为贵，天子者，众人所积而成，故天子自视为众人中之一人，斯视天下为天下之天下。"意思是说，天子既然是众人中的一人，自然不是什么天生圣人，神圣不可侵犯的，那么相反，农民自然也不是天生的贼匪。这表明，他开始对农民起义有了更深入、理性的认识。

《圣武记》这本书的编纂，开始的时间较早，所以在书中，魏源对清朝统治者镇压农民起义的"武功"，仍然采取歌颂态度，对于农民起义仍然称之为"贼匪"，对于清政府的镇压活动，则称之为"剿贼""靖寇"之类。即便他如此写作，但事实上魏源对于清政府对农民起义的残酷镇压并不是毫不知情的。当年他从湖南北上前往京师求学的时候，便已经目睹了清军镇压河南天理教起义所造成的凄惨后果，他也曾经为此专门写诗纪事，充分表现了他对当地农民的怜悯与同情。

后来，魏源在研究嘉庆年间四川、湖北、陕西交界处的白莲教起义时，则有了一些更为深入的发现和理解。他于《嘉庆川湖陕靖寇记》中直言说："'教匪'起事，皆以'官逼民反'为词，及王三槐禽解至京，命军机大臣审讯，亦有此供。"魏源在这里直接将教民所说的起义的原因说了出来，即"官逼民反"。

随着时间推移，百姓的生存境况没有丝毫好转，甚至不断恶化。鸦片战争后，由于银价上涨，银钱比价的变动很大，农民交租的负担大大加重。加之吏役的勒索，普通百姓的生活可谓日益困苦。针对这样的情况，曾国藩曾于咸丰元年在《备陈民间疾苦疏》中作了详细的申述，他叙述了业主、农民钱漕负担过重的问题，其中虽有心为官吏催逼开脱，但吏役四出、血肉横飞的惨状，仍旧触目惊心。魏源曾为此写诗说："银价岁高费增半，民除抗租抗赋无饱啖。"层层的压榨与盘剥对农民而言如同抽筋剥骨，除了抗租抗漕，他们还能有什么办法可想呢？这是魏源在为百姓抗租抗赋抗漕的斗争寻找有理的根据。

在这之后，接连的农民起义更是让魏源有了清醒且深刻的认识。

道光二十一年底（1842年初），湖北爆发了钟人杰起义。钟人杰，崇阳县人，秀才，因为领导煤矿工人争取开矿权利而受到了崇阳县知县的通缉。于是，他与陈宝铭、汪敦族等聚众二三千人，攻占崇阳、通城等地，称钟勤王，树立大都督、大元帅红旗，分设知县、千总等官，开仓散谷，救济贫民，响应群众迅速增至一万余人。清政府强力镇压，最终钟人杰等十余人被官军擒获，钟人杰在北京遇害。而此次"剿匪"，清政府共调动湖南、湖北军队千余人，用银20万两，进一步加重了百姓的负担。

道光二十四年（1844年），湖南耒阳县又爆发了欧阳大鹏领导的农民起义。欧阳大鹏（一作阳大鹏或杨大鹏）反对知县李金兰加征钱粮、以钱折银、任意剥削人民的行径，率领群众进行起义，救出了被监禁在狱中的请愿代表段拔萃。这本是农民义举，而继任知县叶如桂则蛮横地扣压了欧阳大鹏之弟，进一步激起民愤，致使欧阳大鹏、段大荣等率领千余位农民起义，拒不完粮，并持械攻城。清政府为此特别派湖南提督石玉生率兵镇压，欧阳大鹏被捕，解至北京遇害。

此外，在浙江归安、仁和，江苏丹阳、震泽，江西新喻等地都发生了闹漕事件。

这些官逼民反的事例都让魏源陷入深深的思考。在魏源看来，农民起义是因为官府对百姓的剥削不断加重，使得农民无法继续生活，同时也体现出了钱漕制度的巨大弊病。这样的观点，魏源在为崇阳县知县师长治所撰写的《墓志铭》中有详细的论述。

他首先表明了自己的态度。魏源认为群众的斗争是由于

"帮费日重，银价日昂，本色折色日浮以困"所造成的。另外，魏源也肯定了起义群众在了解到崇阳新任知县师长治并没有借着收漕中饱私囊后为其发丧哭祭的行为，这说明了百姓们的反抗只是针对贪官恶吏，他们实际上能明辨是非，绝不滥杀无辜、冤枉好人。最后，魏源在铭文中论述了发生闹漕事件的原因，重申了改革弊政迫在眉睫的观点。

魏源始终认为，"食"与"兵"是国之根本。现在钱漕收取过程中发生问题，政府并不思考问题所在，反而只是一味地用军队去镇压群众，丝毫不去规范豪民的包缴钱漕与吏胥的滥收强取行为，于解决问题而言是丝毫没有作用的。魏源同时还列举了《易经》的《蒙》《需》二卦之后相继的是《讼》《师》二卦的例子，说明政府对待人民除了平讼用兵以外，更要用饮食养活他们。法穷则变，不变则不通，漕赋中的弊端，实在需要官员为民请命、用心革除。

魏源在新乐府诗《君不见》中也表达了类似的观点：

君不见，南漕岁岁三百万，漕费倍之至无算。
银价岁高费增半，民除抗租抗赋无饱啖。

除了抗租抗赋以外，百姓没有别的办法能够吃饱穿暖，这是农民起义、农民抗漕的原因所在，也是军队不应该进行镇压的理由。正是在这样的情况之下，等到太平天国起义运动爆发时，魏源对农民起义运动有了不同以往的全面认识。

太平天国起义时，恰逢魏源任高邮州知州。地方官守土有责，高邮介于扬楚之间，号称"东南咽领"，此时身为高邮知州的魏源本应该随时将太平军活动情况上报给清政府，好方便政府调遣军队镇压起义。然而魏源非但没有及时传递消息，更没有像他的众多友人一样，或投身清朝军队，或组织地方武装与太平军对抗，反而是屡屡将急递退回，致使南北音信隔绝，影响了政府对太平天国的应对。

按说，凭着魏源对于兵法的研究，又有两次从军的实际经验，若这一次他能积极行动起来，投入到镇压太平军的行列中去，再加上此时清军的统帅曾国藩，部下罗泽南、李续宾、李续宜，以及彭玉麟、左宗棠、胡林翼等湖南同乡的照拂，他肯定不会像过去一样只是个小小的幕僚，而是极可能成为军队统帅的左右手或高级官员。但魏源却并没有选择这样一条顺遂的"成功之路"。

魏源的态度，在他写于咸丰四年（1854年）的一首《江头月》中表现得更为鲜明：

可怜今夜月，正照秣陵城。

秦淮歌管变鼓鉦，长爪巨牙街衢行。

可怜今夜月，曾照庐州堞。

八公草木风鹤声，沟垒高深为谁设！

可怜今夜月，方照金焦口，

点点云鬟螺黛中，水战余皇瓜渚守。

可怜今夜月，更照吴淞郭，

城头谯鼓兼画角，蚌鹤相持几时活。

在这首诗中，魏源不仅对农民起义抱有充分的同情之心，更是极有前瞻性地表达了自己对于清政府镇压起义军，最后或将导致外国侵略者从中渔利的担心。当然，后来的事实果然印证了魏源最初的猜想，英国当真趁着清政府全力镇压太平天国运动的时机强占了江海关，清政府不得不与英、法、美三国驻上海领事签订江海关协定，使海关沦为外国侵略中国的工具。如此看来，魏源高瞻远瞩的爱国思想在当时的历史条件确实是难能可贵的。然而，有了预见却不能得到应有的重视，这未尝不是一种莫大的遗憾。

魏源因在高邮州任上不为清军传递情报而被贬，咸丰帝曾对此下谕旨说：

"江苏高邮州知州魏源，于江南文报并不绕道递送，屡将急递退回，以至南北信息不通，实属玩视军务，魏源著即革职，以示惩儆。"

而今日再回首，这究竟是一张惩罚令还是一道褒奖状，反倒是一言难尽了。

第七章　志士暮年

整理著述重编元史

晚年的魏源，一直勤于整理著述。

早在当年修纂《海国图志》时，魏源已经开始注意搜集资料，并着手重编元史。如果我们对历史不了解，可能觉得一朝之史书，怎可由着魏源说改就改？

但实际上，旧《元史》是在明太祖洪武年间仓促成书的，其疏漏错误之处比比皆是。成书不久，解缙、徐一夔等人即对其表现出了强烈的不满，到了清朝，学者顾炎武、朱彝尊等人也曾对《元史》表示批评。以魏源的性格，搜集掌握了丰富资料的他怎么可能对《元史》的疏漏坐视不管呢？于是，魏源"芟其芜，整其乱，补其漏，正其诬，辟其幽，文其野，讨论参酌，数年于斯，始有脱稿"。

一部好的史书，不仅要求有完备可信的第一手史料，而且要体例严整、文笔精练、议论深切，这也就是所谓史才、史学、史识兼备。魏源数年间取得的修编成果得到了大家的广泛认可，人们认为魏源新编的元史基本上满足了以上的要求。史界公论，经过他精心考订和重编的《元史新编》可谓是一部"前修未密，后出转精"的传世史书。

在史料方面，魏源做了大量的详细工作。他自称曾"采四库书中元代各家著述百余种，并旁搜《元秘史》《元典章》《元文类》各书"，魏源不但收集了包括《元史》所收资料在内的大量第一手资料，对其进行考订和整理，还广泛收集了域外史料，对一些历史的空白作了有益补充。例如，元初的《脱卜赤颜》，即《元朝秘史》，记载成吉思汗开国事迹，被当成绝密资料，藏之金匮石室，史官也不能得见。于是在写就《元史》元初三帝本纪时，史官们只好根据传闻写史，导致事实颠倒重复，年代错讹明显。魏源则根据后出的《元朝秘史》等书及域外史料，对从太祖至宪宗四朝的史实进行了大量补充，同时也查阅其他大量资料，补叙了一些西域的情况。

在体例方面，魏源仿照欧阳修《新五代史》以"司天、职方考"置于列传之后的先例，将《元史新编》的列传置于表、志之前。而在列传的编写方面，魏源并没有采取旧史"一人一传"形式，而是首创"以类相从"，即按开国、世祖、中叶、元末四个时期人物的主要事迹，以类重新编次（如功臣、相臣、武臣、文臣等），收传事与传人数量增加很多。

至于史识方面，则更加体现了魏源进步的史学观念。魏源认为，在《元史》的列传编纂中，有"糠秕眯目，四方易位"，不当立传而立专传的失误。如平服东南少数民族的怯烈、脱力世官、昔都尔、张禧、王国昔等并非重要人物，旧史对他们却都有专传，魏源认为这样"动辄特传，此史法之所以不尊与"！又如平金的文臣武将，旧史有四十余人，魏源并为十一，还有人没有突出事迹，魏源就仅仅附其姓名而已。这些都体现了他"列传之立，非纪耀武，乃惩黩武"的史学思想。

编写《元史新编》之际，正值鸦片战争及西方资本主义国家入侵给中国带来的屈辱与危机之时，作为充满忧国忧民之心的知识分子，魏源在这本书中充分表现出了自己的爱国主义思想。特别需要强调的是，魏源所爱的国家是一个多民族的中国，他没有站在某一个民族的狭隘立场来看待中国历史，并未把汉族建立的王朝作为唯一正统的王朝。

中国民族众多，各民族都曾建立过自己的政权，如历史上的辽、金、元等王朝，实际上都是由契丹、女真、蒙古等少数民族割据的王朝发展壮大，夺取全国政权，才成为中国统一的正统王朝的。据此，魏源对元朝统一中国的业绩作了充分的肯定。

魏源作史中，对史料取舍、议论与否的标准，还贯彻了《春秋》书事"惩恶而劝善"的原则。为了揭露投降派的罪恶，魏源在卷二十九《平宋功臣》后特附宋降臣传，并论曰："刘整、吕文焕、夏贵、留梦炎之徒，身为将相大臣，乃亦趋降恐后，无复愧耻，不章其恶，则贼臣接踵，岂尚有所顾忌哉！"对于这一点，魏光焘在《叙》中也突出了魏源"申《春秋》之义而书亡宋降臣，慨宗社之墟而记末年群盗"的深刻用意。

除了新编元史，魏源这几年还陆续做了其他工作。如任江苏高邮州知府时，他趁着公余之暇，整理《说文儗雅》《蒙雅》等旧稿，第三次修订《海国图志》，增补为一百卷并撰《后叙》。他还曾与陈廷经会晤于苏州，整理旧稿扩充成《诗比兴笺》并撰叙，署陈沆名刊印，整理《书古微》成十二卷并作叙，重订《诗古微》为二十卷并手书识语等，可谓笔耕不辍。

避世逃禅向往"净土"

虽然魏源一直勤于著述，但这并不能算作他最为重要的活动。实际上，令人倍感惊异的是，这位曾经立志改革、主张经世致用的爱国主义思想家和实干家，在晚年竟然成为了一名极为虔诚的佛教信徒。

这样的转变看似十分突兀，却也是极为合情合理的。魏源的晚年非常低沉寥落。这固然与他在高邮任上受到革职处分、仕途失意有关，但更多的还是作为一介充满良知的知识分子，当时内忧外困的社会现实令魏源感到万分痛苦与失望。

鸦片战争后，魏源曾因国恨萦怀，积感而作《圣武记》与《海国图志》，想借此以振奋人心，并"师夷长技以制夷"，使国家通过变革逐步富强起来。但令他无奈的是，战争过后，一切照旧，他的书籍与观点似乎并没能起到什么作用，甚至，民族危机日益严重。

魏源一生为经世致用、变革社会耗尽心血，谁曾想到头来一切终成泡影！几十年来为实现人生理想而付出的勤奋、劳碌、挣扎、忧患和痛苦，以及种种不能超越历史条件的微妙所造成的人类自身局限，使他感到"一切有为，皆不足恃"。就是在这种极度迷茫的情况下，魏源开始研究佛教经典，并确定了佛教信仰。他认为"惟此横出三界之法，乃我佛愿力所成。但办一心，终登九品"，即只要自己持诵"阿弥陀佛"名号的心能够专一不乱，命终之后就自然能往生西方，登上极乐世界九品中的某一品。这样的执着笃信，或许与他人世间多年的求而不得有很大的关系吧。

魏源晚年信奉佛教，早已不是道光八年在杭州与钱林居士相识时那种"博览经藏"和六根未净地听法师讲讲《楞严》、《法华》等大乘佛经，而是潜心研究佛教中净土宗的经典，并希望通过刊行自己研究和整理佛经的成果来"劝化数十百僧，展转至千百万，皆往生西方成佛"。他当此国难之时潜心净土经的研究，实在是有其深意又充满了讽刺的意味。

魏源对佛经进行了深入的研究和整理，他将历代大藏经均收录的《观无量寿佛经》《阿弥陀经》《普贤行愿品》等三种依照原译录出，与会译的《无量寿经》一起汇编成《净土四经》。为了阐述自己的编辑意图和对四经研究的佛学观点，他还分别撰写了《净土四经总叙》《无量寿经会译叙》《观无量寿佛经叙》《阿弥陀经叙》及附记、《普贤行愿品叙》及附记等，并在文末虔诚地署上了"菩萨戒弟子魏承贯"的法号。

等到《净土四经》成书时，老病多艰的魏源早已无力印行此书。他将这件事托付给了早年即相识的老友周诒朴。周诒朴主持的首刊本今天的我们已经无法看见，但同治五年（1866年），清末著名居士杨文会重刊《净土四经》所用的底本，就是周诒朴的原刻本。

杨文会在《重刊净土四经跋》中说："此本为邵阳魏公默深所辑。魏公经世之学，人所共知。而不知其本源心地，净业圆成，乃由体以起用也。世缘将尽，心切利人，遂取《无量寿经》，参会数译，删繁就简，订为善本。复以《十六观经》及《阿弥陀经》《普贤行愿品》，合为一集，名曰《净土四经》。使世之习净业者，但受此本，无不具足。"由此可见魏源出世后，虽"世缘将尽"，仍念念不忘拯救苦难众生，一片苦心，宛然可见。

魏源晚年避世逃禅，是在他绝望时的产物，也是他早年崇尚理学、晚年熟读佛教经典，对现实极端不满但又不愿采取战斗行动的必然结果。理学家的客观唯心主义与宗教家的主观唯心主义相汇集成了他暮年时期的思想主流。

然而，这样虚幻的精神解脱真的能救苦难民众于水火吗？他必须承受的，是那个悲剧时代所加诸于他与众生的注定悲剧的命运。

寂逝湖滨迟来巨响

魏源人生的最后两年，是在风景如画的西子湖畔度过的。

他平生最喜爱西湖的风光，咸丰六年（1856年）便又到西湖去，住在湖滨的东园小庵中。这段时间，除了完成《元史新编》，想把它献给朝廷却没有结果以外，魏源终日潜心佛教，只是"闭目澄心"，焚香静坐而已。

在此期间，有一些仰慕魏源之名的士子亲往西子湖畔拜访魏源，其中有一位名叫谭献。谭献在自己的笔记中记录了他拜访魏源的事情："默深晚游杭州，病疲僧舍……病聋不能深谈。今观遗书，知暮年学术，颇似北宋诸贤，虚锋略尽矣。"由此想来，63岁的魏源身患疾病，身体已经很差了。他因精力不济、听力不好的原因不愿与人深入交谈，即便曾经的"四方之志未衰"，却也是心有余而力不足了。

魏源的儿子魏耆在《邵阳魏府君事略》中，曾经记载他父亲人生最后一年的生活：

　　丙辰秋初，游杭州，寄僧舍，闭目澄心，危坐如山，客至亦不纳，即门生至戚，接二三语，便寂对若忘。

最痛不过英雄白头。

　　咸丰七年三月一日（1857年3月26日），魏源逝世，享年64岁。他死时，夫人严氏和儿子魏耆都滞留于太平天国所辖的南京，身旁家属，只有他的侄子魏彦一人。

　　魏源离世的时候，他的好友何绍基正在北京，无法到杭州来吊唁亡友。等到当年十一月，他南下江苏，一边慰问老友亲属，一边帮魏耆编订魏源的诗集。何绍基曾亲往杭州西湖南屏山墓前凭吊魏源，并写下挽联一首。那挽联是：

　　烟雨漫湖山，佳壤初封，千古儒林凭吊奠；姓名留宇宙，遗篇在案，几行涕泪点斑斓。

令人大恸。

　　魏源逝世的咸丰七年（1857年），正是清廷内忧外患进一步加剧的关键一年。太平天国起义声势浩大，外国的侵略压力亦没有丝毫松懈。众多有识之士为挽救国家危亡作出了大量努力，其中，兵部左侍郎王茂荫就曾于咸丰八年奏请重刊《海国图志》，以供亲王、大臣、宗室八旗教学之用，并请变通考选，先于武备开取士之途，以求御夷之法。

然而令人遗憾的是，这封奏折并未引起统治者的任何重视。咸丰皇帝不仅没有下旨刊发《海国图志》，谋求御夷之法，相反在咸丰十年（1860年）英法联军进逼北京的时候，自己以"秋狝木兰"为名，从圆明园启程逃奔热河，致使英法联军侵入京师，圆明园惨遭焚劫，京城百姓遭殃，签订丧权辱国的中英、中法、中俄《北京条约》，再次割地赔银，使得中华民族蒙受奇耻大辱。

虽于朝廷不通，但这封奏折在社会上却发生了深远影响。后来，曾国藩、左宗棠等人兴起的所谓"洋务运动"，直接受到了魏源向外国学习科学技术、兴办工业思想的影响；冯桂芬、王韬、郑观应等早期维新运动思想家的一系列活动，多少也都有魏源培养人才、发展工商业，学习西方文化、政治改革思想的影子；戊戌变法的领袖人物康有为、梁启超等也都曾认真学习过魏源著作，或多或少受其影响。因而可以说，即便始终未曾得到朝廷重视，魏源在中国社会走向近代的历史进程中，仍旧起到了难以忽视的深刻作用。

与清朝统治者截然相反的是，《海国图志》一书于咸丰元年

魏源墓

（1851年）传到日本后，很快便受到了日本统治集团德川幕府
的欢迎。据日本学者大庭脩在《江户时代日中秘话》一书中说：
"此书在长崎书物改役的眼中尚属禁书，但到了江户则身价百
倍，成为急需的御用之书。""这种观念的转换，恰好反映了决
策者与在下位者对时局认识的差异"，同时更是日中两国统治者
对同一事物认识的天壤之别。

随后两三年内，"也正是在书籍的传入和翻刻之间，幕府的
危机开始不露声色地凸现在人们面前"，同时在一定程度上影
响，或者说促成了日本从"尊王攘夷"转向"倒幕开国"的明
治维新。

前文曾经说到，在这一开启民智的维新运动中，如佐久间
象山、吉田松阴等领导人物实则都是《海国图志》《圣武记》的

热心读者，他们不仅把魏源引为"海外同志"，而且还为魏源在清国的遭遇而鸣不平。

日本盐谷世弘在《翻刊海国图志叙》中说："自古国家积衰之际，非无勇智之士、筹策之臣也，不胜其孤愤，则或入山林，或隐于屠钓，或慷慨赴死，或诡激买祸，而最下为敌国之用。今清方有朱氏、凌氏之乱，而社稷殆将墟，则默深之进退存亡亦未可知也……呜呼！忠智之士，忧国著书，其君不用，反而资之他邦，吾固不独为默深悲，抑且为清主悲也夫！"

没错，"人材之虚患""人心之寐患"，实乃清之主悲！

魏源生活在那样一个年代，究竟是幸或不幸？

英雄造时势，亦是时势造英雄。或许，这个问题，我们永远无法得到令所有人都信服的解答。

然而，可以确定的是，综观魏源的一生，从早年时期的刻苦攻读，到中年时期的致力改革、勤奋著述、效命疆场、州县亲民，甚至到晚年整理文稿，无不体现了他的为国爱民、勤奋坚毅、见识深远。

他以经世为志，以恢复"古"经真相、发扬今古文微言大义为己任，将自己的主要精力都放在了对国家前途命运的关注、为御侮图强而终身不辍的著述上。他所提出的"师夷长技以制夷"、向外国学习长技以抵抗外国侵略的思想，"法久弊生，因时制变"，变法革新，发愤图强的思想，对后世都产生了极为深远的影响。

至于"选官举贤","国政操之舆论",向往资产阶级民主政体的政治思想;"土无富户则国贫",发展资本主义工商业的经济思想;"精兵简政",重视义兵的军事思想;"求之则愈出,置之则愈匮",重视人才的思想;"气化无一息不变"的变化发展思想;"暑极不生暑而生寒,寒极不生寒而生暑"的朴素辩证法思想;"及之而后知,履之而后艰"的重视实践思想;"执古以绳今,是为诬今;执今以律古,是为诬古","势则日变而不可复"的历史进化思想等,也都具有重大意义。

到今天,魏源逝世已将近160年,但他所留下的丰富文学遗产与深邃思想,却仍然在广袤的星空中永恒闪耀。当然,除了锐意进取的改革思想、积极灵活的与时俱变观念,在国家危难之时魏源作为知识分子的深沉爱国情操,愿以一己之力为国家图富强的责任担当,以及他求实致用、不务虚名的勤恳精神,更是体现出了一个时代知识分子的良心,是今时今日仍是值得我们学习的榜样。

后记

　　感谢诸位耐心阅读的读者。我深知自己能力有限，要写就一部体察入微、真正走入人物心灵的传记，以上的内容还远远不够。但这毕竟是起步，我期待着用自己的分享，与大家一同走近魏源这位一生以家国天下为己任，经世致用，锐意革新的启蒙思想家与实干家，共同收获对于个人生命的关照与启迪。

　　感谢先进发达的网络世界，让我得以搜集、查阅到各种资料，参阅众多相关研究成果。特别感谢李瑚先生与夏剑钦先生。两位先生的各自著作《中华历史名人——魏源》与《魏源传》都给了我极大的帮助，书中系统的资料与体系也为我的行文提供了重要支持。

　　愿你我都能有所收获。

魏源年谱

1794年　出生

4月23日，魏源出生于湖南邵阳县金潭（今邵阳市隆回县司门前镇），父亲魏邦鲁，母亲陈氏。

1800年　7岁

魏源入家塾读书，经常苦读至深夜。

1807年　14岁

魏源进入邵阳县的爱莲书院读书。

1808年　15岁

魏源参加并通过了每年定期举行的县考"童试"。

1810　17岁

魏源成功考取秀才。

1811年　18岁

夏初，魏源进入省城长沙的岳麓书院学习，结识到一批良师益友，如汤金钊、袁名曜、李克钿、何庆元等。

1813年　20岁

魏源入选拔贡。

1814年　21岁

魏源离开家乡，到北京进入国子监继续深造。

1816年　23岁

冬，魏源结束在京的生活，回到家乡湖南。

1818年　25岁

魏源与严氏结婚。

1819年　26岁

魏源再次到北京，参加顺天府乡试，只被列为备取的副贡（副榜），他只好又在北京住下来，等待下一科（三年一次）

的乡试。

1820年　27岁

魏源家人迁居江苏扬州新城。

1822年　29岁

魏源参加顺天府乡试，得中举人第二名。

1825年　32岁

魏源在江苏布政使贺长龄的要求下，选编《皇朝经世文编》，并于第二年完成120卷的选编工作。他又帮助江苏巡抚陶澍办漕运、水利诸事。

1826年　33岁

魏源到北京参加会试，未中。落榜后，魏源没有在北京久留，仍旧回到陶澍和贺长龄的官署工作。

1828年　35岁

魏源捐内阁中书舍人候补，得以阅读到丰富的内阁藏书，为以后写作积累丰富的素材。

1829年　36岁

魏源再次参加礼部会试，与好友龚自珍双双落第。他专心在内阁中书舍人的任上处理政事、勤勉治学。

1830年　37岁

新疆地区发生叛乱，魏源主动请求前往西北，因战事结束，魏源止步嘉峪关。

1832年　39岁

魏源第四次参加会试，仍未中。后回到江南，协助两江总督的陶澍改革两淮盐法。为了方便生活和工作，他在南京购买了房屋，后改名为"小卷阿"。他后半生，长年居住此处，《海国图志》即在此处撰写完成。

1833年　40岁

江汉与洞庭发生洪灾，魏源反复调查与研究相关文献，完成了时至今日仍极具借鉴意义的《湖广水利论》一文。

1841年　48岁

鸦片战争爆发，魏源投笔从戎，入两江总督裕谦幕府，直接参与抗英战争，并在前线亲自审讯俘虏。他从起初满怀报国激情，到后来目睹统治集团内部的腐朽黑暗，他愤而辞归，立志著述。

1842年　49岁

魏源创作完成了《圣武记》，叙述了清初到道光年间的军事历史及军事制度。

1844年　51岁

魏源再次参加礼部会试，中进士，以知州用，分发江苏，任东台、兴化知县，期间改革盐政、筑堤治水。他依据林则徐所辑的西方史地资料《四洲志》，参考前朝资料，编成《海国图志》50卷，后经修订、增补，到1852年编成百卷本。

1845年　52岁

秋，魏源从北京回到江苏，不久就被委派官职，暂时署理东台县知县。

1846年　53岁

夏，魏源的母亲去世，他丁忧守制，暂时退出官场。借这段时间，魏源得以游览祖国南方名山大川，收获颇多。

1849年　56岁

魏源上任江苏省兴化县知县，勤勉为政，造福当地百姓。

1851年　58岁

魏源被补授为高邮州知州，工作之余整理著述。

1853年　60岁

魏源将高邮文游台扩建为文台书院，购置图书，以培养人才。

他完成了《元史新编》，却因为没有上报起义军消息遭革职，虽不久后复职，他仍以年逾六旬，遭遇坎坷，世乱多事为由辞官归家。晚年的他潜心学佛，法名承贯，辑有《净土四经》。

1857年　64岁

3月26日，魏源去世于杭州东园僧舍，留下丰富的文化遗产。